# Panes
## budines y tortas

Silvia Smid

Utilísima Editores

**Dirección Editorial**
Utilísima

**División Libros**
Alberto Rocchi
Eugenia Bandin

**Autor y compilador**
Silvia Smid

**Producción**
Aurora Giribaldi

**Diseño**
M&A - Diseño y Comunicación

**Producción fotográfica**
Luciana y Natalia Bertolesi

**Fotografía**
Osvaldo Salandría

**Corrección**
Jimena Rodrigo

**Preimpresión e Impresión**
Ripari S.A.

**Foto de tapa:** Pan de miga saborizado (receta en pág. 27)

Silvia Smid
Panes, budines y tortas - 1a ed.
Buenos Aires: Sandler Publicidad, 2005.
104 p. ; 23x15 cm.
ISBN 987-1143-94-X
1. Cocina-Panes  2. Cocina-Budines  3. Cocina-Tortas I. Título
CDD 641.815

# Presentación

Basta con mirar las caras de grandes y chicos en las panaderías y confiterías para comprobar cuánto entusiasmo despiertan las exquisiteces que allí se venden. Para que ustedes puedan hacer delicias tan tentadoras como ésas, ponemos en sus manos este variado recetario. Y, para que les salgan perfectas, damos aquí las claves del éxito.

## MEDIDAS EXACTAS..........................................................................

Las fórmulas de panadería y pastelería deben respctarse estrictamente, y lo ideal es pesar cada ingrediente. Si no se dispone de balanza, hay que recurrir a las tazas y cucharas para medir que se adquieren en las casas de repostería; el empleo de cualquier taza y cualquier cuchara podría hacer fracasar, igual que la alteración del orden de los pasos. En este libro las cucharadas y tazas son al ras. Las equivalencias son las que siguen:

- 1 cucharada de harina = 10 g
- 1 cucharada de azúcar = 15 g
- 1 taza de azúcar = 220 g
- 1 taza de harina = 130 g
- 1 taza de líquido = 250 cc
- 1 taza de almidón de maíz = 115 g
- 1 taza de cacao = 150 g

## TEMPERATURAS DEL HORNO ...............................................................

- Mínimo: 80 a 100°C
- Muy suave: 110 a 130°C
- Suave: 140 a 160°C
- Moderado: 170 a 190°C
- Fuerte: 200 a 220°C
- Muy fuerte: 230 a 250°C

## MOLDES Y TIEMPOS.........................................................................

Para las recetas de este libro se utilizaron moldes de tamaño estandar:
- Rectangulares de 20 por 30 cm
- Redondos de 24 por 26 cm de diámetro
- Savarin de 26 cm de diámetro
- Para budines de 30 cm de largo

El tiempo de cocción puede variar según el formato del molde. Por ejemplo, una torta se cocinará más rápido en un molde amplio y bajo que en uno de menor diámetro y mayor altura; para evitar que se sobrecocine, hay que tener esto en cuenta. En el caso de los moldes con tubo o savarin, el calor circula por el hueco central, y también disminuye el tiempo de cocción.

## BATIDOS DE HUEVO.........................................................................

• El batido de huevos con azúcar es la base de los bizcochuelos.
• El exceso de batido da por resultado un bizcocho que se desmi-

gaja con facilidad al cortarlo. Por el contrario, con un batido insuficiente se obtiene una torta apelmazada y con mala miga.

- Para que el batido no se baje, incorporar la harina con suavidad.
- Para evitar derrames durante la cocción, hay que llenar el molde sólo hasta sus 3/4 partes.
- En un horno demasiado caliente, los batidos se arrebatan (se queman por fuera y quedan crudos por dentro). En un horno de temperatura muy baja, no se inflan ni se esponjan.
- Para comprobar si un bizcochuelo está listo, presionar la superficie con la yema de los dedos y verificar que la zona hundida vuelva a su posición inicial, como si fuera una esponja.

## BATIDOS DE MANTECA ........................................................................

- El batido de manteca con azúcar, seguido de la incorporación de huevos, es un proceso básico para la elaboración de tortas y budines.
- Gracias a un buen batido se consigue que el azúcar se integre bien a la manteca, y se logra una pasta homogénea.
- Para evitar que el batido se corte, es importante que los huevos y la manteca estén a temperatura ambiente.

## MASAS LEUDADAS .............................................................................

- Tanto la levadura de cerveza como el polvo para hornear sirven para airear las masas, aumentar su volumen y darles esponjosidad.
- La levadura de cerveza es un producto natural, un organismo vivo, que requiere ciertos cuidados. Sea fresca o seca, debe disolverse en líquidos tibios, que no superen los 37°C, ya que un exceso de calor la destruye, y el frío inhibe su acción.
- El fermento se obtiene disolviendo la levadura en el líquido tibio junto con pequeñas cantidades de azúcar y de harina. La sal y las grasas retardan la fermentación.
- La levadura instantánea se puede colocar directamente sobre la harina; 30 g de levadura instantánea equivalen a 100 g de levaduraa fresca.
- Las masas se dejan leudar tapadas, en un lugar templado, al reparo de corrientes de aire.
- El polvo leudante, más conocido como polvo para hornear, es un producto químico que se emplea en proporción de 3 g por cada 100 g de harina. Para que no pierda efectividad, las preparaciones que lo incluyen deben llevarse al horno de inmediato.
- El resultado que se obtiene con leudantes químicos es diferente del que se logra con levadura natural, tanto en la textura de la masa como en el sabor y el aroma. Por ello no se recomienda reemplazar la levadura natural por polvos químicos, si la receta no lo indica.

# Panes
## y algo más

# La torta de las rosas

**FERMENTO**
> 25 g de levadura fresca
> 150 cc de leche tibia
> 2 cucharaditas de azúcar
> 2 cucharadas de harina

**MASA**
> 3 yemas
> 3 cucharadas de aceite de maíz
> 1 cucharada de azúcar
> ralladura de 1 limón
> 280 g de harina 0000

**RELLENO**
> 150 g de azúcar
> 150 g de manteca blanda
> 100 g de nueces picadas
> 50 g de pasas de uva rubias sin
> semillas, hidratadas en agua
> caliente o té

**ADEMÁS**
> manteca derretida
> azúcar

## PREPARACIÓN

**Fermento:** En un tazón disolver la levadura fresca en la leche tibia. Incorporar el azúcar y la harina, mezclar bien y dejar espumar.

**Masa:** En un bol mezclar las yemas con el aceite, el azúcar y la ralladura. Añadir el fermento y la harina. Formar una masa tierna que se despegue de las paredes del bol. Dejarla leudar hasta que duplique su volumen.

Desgasificar el bollo y estirarlo en forma de rectángulo. Cortar tiras, todas del mismo tamaño.

**Relleno:** Untar las tiras de masa con la mezcla de azúcar y manteca blanda. Esparcir las nueces picadas y las pasas de uva. Enrollar formando cilindros.

Enmantecar y enharinar un molde redondo. Acomodar en él los cilindros, alejados entre sí y de manera que en la superficie se vean las espirales. Dejar que la masa vuelva a leudar hasta que ocupe los espacios libres.

Pintar la superficie de la torta con manteca derretida y espolvorear con azúcar. Cocinar en horno fuerte durante 15 minutos y luego en horno moderado por 25 minutos más, hasta que la torta se dore ligeramente.

# Pan con relleno de chocolate y amapola

> 40 g de levadura fresca
> 70 cc de leche tibia
> 400 g de harina 0000
> 150 g de azúcar
> 2 huevos
> 100 g de manteca blanda
> 1 cucharadita de extracto de malta
> 1 cucharada de ralladura de naranja

> 1 cucharadita de esencia de vainilla
> 1/2 cucharadita de sal

**RELLENO**
> 50 g de manteca
> 4 cucharadas de miel
> 1 yema
> 4 cucharadas de cacao amargo

> 50 g de semillas de amapola
> manteca derretida para pincelar

**GLASEADO**
> 6 cucharadas de azúcar impalpable
> jugo de limón colado

**ADEMÁS**
> almendras peladas, fileteadas y tostadas

PREPARACIÓN

En un tazón disolver la levadura en la leche tibia. Dejar espumar.

Disponer la harina en forma de corona dentro de un bol. Ubicar en el centro el azúcar, los huevos, la manteca, el extracto de malta, la ralladura, la esencia, la sal y la espuma de levadura. Mezclar, incorporando de a poco la harina. Formar un bollo liso y dejarlo reposar hasta que duplique su volumen.

Desgasificar la masa sobre la mesada (enharinada si hace falta para evitar que la masa se pegue) y estirarla en forma de rectángulo.

**Relleno:** Fundir la manteca con la miel; dejar enfriar. Añadir la yema, el cacao y las semillas de amapola. Untar la masa, sin llegar a los bordes.

Enrollar desde ambos lados cortos hasta el centro. Acomodar sobre una placa enmantecada y enharinada. Dejar puntear.

Pincelar con manteca derretida. Cocinar en horno moderado aproximadamente 45 minutos.

**Glaseado:** Mezclar el azúcar impalpable con la cantidad de jugo de limón necesaria para lograr una pasta fluida. Bañar el pan con el glaseado, esparcir almendras y dejar enfriar.

# Pan de jengibre

**JARABE DE JENGIBRE**
> 300 g de azúcar
> 180 cc de agua
> 1 trocito de jengibre fresco
> 1 cucharadita de cremor tártaro

**MASA**
> 130 g de azúcar rubia
> 80 cc de aceite de maíz
> 2 huevos
> 300 g de harina leudante
> 1 cucharada de jengibre en polvo

## PREPARACIÓN

**Jarabe de jengibre:** En una cacerolita mezclar el azúcar, el agua, el jengibre y el cremor tártaro. Llevar al fuego, dejar que hierva y retirar.

**Masa:** En un bol mezclar bien el azúcar rubia, 180 cc del jarabe de jengibre, el aceite y los huevos ligeramente batidos. Agregar la harina tamizada con el jengibre en polvo.

Colocar en un molde para budín inglés enmantecado y enharinado. Cocinar en horno moderado durante 35 minutos.

Retirar del horno y mojar con el resto del jarabe de jengibre.

# Pan de maíz con batata

## INGREDIENTES

**SUERO**
> 250 cc de leche descremada
> 1 cucharada de jugo de limón

**MASA**
> 100 g de harina de maíz integral
> 150 g de harina leudante
> 50 g de almidón de maíz
> 1/2 cucharadita de bicarbonato de sodio
> 1/2 cucharadita de sal
> 30 g de manteca
> 4 cucharadas de azúcar
> 2 huevos
> 150 cc de leche entera
> 100 g de dulce de batata cortado en cubitos

**ADEMÁS**
> mermelada reducida
> trocitos de dulce de batata

## PREPARACIÓN

**Suero:** Calentar la leche en una ollita, retirar del fuego y agregar el jugo de limón. Dejar reposar durante 5 minutos, hasta que el suero se separe de las partículas sólidas de la leche. Retirar con cuidado el suero y medir 150 cc. Si es necesario, filtrar con un lienzo limpio.

**Masa:** Combinar dentro de un bol la harina de maíz integral con la harina leudante, el almidón, el bicarbonato y la sal. Hacer un hueco en el centro.

Fundir la manteca con el azúcar. Volcar en el centro de los ingredientes secos.

Batir los huevos con el suero y la leche. Verter en el hueco. Integrar de a poco todos los ingredientes.

Agregar los cubitos de dulce, sin mezclar demasiado.

Enmantecar un molde para budín inglés y llevarlo a horno fuerte, precalentado, hasta que se caliente bien y la manteca crepite. Retirar el molde del horno, distribuir bien la manteca, espolvorear con harina de maíz y verter la masa. Espolvorear por encima con harina de maíz.

Cocinar en el horno durante 25 minutos, hasta que el pan se separe de las paredes del molde y la superficie se dore ligeramente. Desmoldar, dejar entibiar y cubrir con mermelada reducida y trocitos de dulce de batata.

# Pan negro de miel y almendras

## INGREDIENTES

> 1 taza de miel
> 1 taza de aceite de maíz
> 1 taza de azúcar
> ralladura de 1 limón
> 3 huevos

> 1 taza de té fuerte
> 500 g de harina leudante
> 1 pizca de bicarbonato de sodio
> 200 g de almendras picadas
> gruesas

## PREPARACIÓN

Si la miel está muy espesa, entibiarla hasta que resulte fluida. Mezclarla en un bol con el aceite, el azúcar y la ralladura.

En un tazón unir los huevos con el té cargado.

Tamizar la harina junto con el bicarbonato. Incorporar las almendras. Agregar esta mezcla a la de miel, alternando con la mezcla de huevo.

Colocar la preparación dentro de un molde para budín inglés forrado con papel manteca, o distribuirla en moldes para muffins.

Cocinar en horno moderado de 35 a 40 minutos, hasta que el pan esté dorado.

# Rosca almendrada

INGREDIENTES

> 30 g de levadura fresca
> 1/2 taza de leche tibia
> 3/4 taza de azúcar
> 400 g de harina 0000
> 150 g de manteca blanda
> 150 g de pasta de almendras
> 1 cucharada de esencia
  de almendras

> 3 huevos
> 1 pizca de sal

**RELLENO Y CUBIERTA**

> 2 claras
> 100 g de amaretti molidos
> 1 taza de azúcar
> 2 cucharadas de canela en polvo
> 50 g de almendras peladas enteras

## PREPARACIÓN

En un tazón disolver la levadura en la leche tibia. Agregar 1 cucharadita de azúcar y 3 o 4 cucharadas de harina, retiradas del total. Unir para lograr una textura untuosa. Dejar espumar.

Batir la manteca con la pasta de almendras en un bol. Agregar el azúcar, la esencia y los huevos de a uno. Mezclar la harina con la sal e incorporarla por cucharadas, uniendo bien. Agregar la levadura espumada y mezclar hasta que aparezcan burbujas.

**Relleno y cubierta:** Batir ligeramente las claras y combinarlas con los amaretti molidos, el azúcar y la canela.

Colocar la mitad de la masa en un molde savarin enmantecado y enharinado. Distribuir la mitad de la mezcla de amaretti. Verter el resto de masa y cubrir la superficie con el resto de la mezcla. Esparcir las almendras. Dejar leudar hasta que duplique su volumen.

Cocinar en horno moderado aproximadamente 50 minutos. Retirar, dejar reposar 5 minutos y desmoldar.

# Rosca dulce rellena

> 40 g de levadura fresca
> 3 cucharadas de leche tibia
> 1/2 lata de leche condensada
> 60 g de manteca blanda
> 3 huevos
> 1 cucharada de ralladura de limón

> 300 g de harina 0000
> RELLENO
> ralladura de 1 naranja
> 100 g de nueces picadas
> 100 g de azúcar negra
> huevo o yema para pincelar

## PREPARACIÓN

En un bol disolver la levadura en la leche tibia. Dejar espumar.

Agregar la leche condensada, la manteca y los huevos de a uno, batiendo cada vez. Perfumar con la ralladura de limón. Incorporar la harina cernida y amasar hasta formar un bollo. Dejar leudar al doble.

Desgasificar la masa y estirarla en forma de rectángulo.

**Relleno:** Mezclar en un bol la ralladura, las nueces y el azúcar morena. Esparcir el relleno sobre la masa, sin llegar a los bordes. Enrollar y acomodar en un molde savarin enmantecado y enharinado. Dejar leudar al doble.

Pincelar con huevo o yema. Cocinar en horno moderado aproximadamente 30 minutos.

# Torta de anís Cristina

## INGREDIENTES

> 25 g de levadura fresca
> 300 cc de leche tibia
> 150 g de azúcar
> 500 g de harina 0000
> 50 g de manteca blanda
> 2 huevos
> 1 cucharada de ralladura de limón

> 1 cucharadita de esencia de vainilla
> 1 cucharada de anís en grano

**GLASEADO**
> 1 taza de azúcar impalpable
> licor de anís

**ADEMÁS**
> anís estrellado

## PREPARACIÓN

Disolver la levadura en la mitad de la leche tibia, en un tazón. Agregar 2 cucharaditas de azúcar y 3 o 4 cucharadas de harina, retiradas del total. Unir y dejar fermentar.

En un bol batir a punto pomada la manteca con el azúcar restante. Incorporar los huevos, la ralladura, la esencia y el anís. Agregar, en forma alternada, el resto de la leche tibia, la harina y el fermento.

Verter en un molde redondo enmantecado y enharinado. Dejar leudar hasta que duplique su volumen.

Cocinar en horno moderado de 20 a 30 minutos, hasta que se dore.

**Glaseado:** Mezclar el azúcar impalpable con la cantidad de licor de anís necesaria para lograr una pasta fluida. Al retirar el pan del horno, bañarlo con el glaseado. Dejar enfriar. Decorar con anís estrellado.

---

*Si se desea intensificar el sabor del anís, moler las semillas con un palote o con el molinillo de café.*

*Para lograr otros sabores, se puede reemplazar el anís por cubitos de dulce de membrillo o batata, chocolate picado, nueces o almendras picadas, fruta abrillantada o fruta desecada.*

# Torta de duraznos y frutas rojas con lavanda

> 20 g de levadura fresca
> 200 cc de leche tibia
> 100 g de azúcar
> 2 huevos
> 50 cc de aceite de maíz
> ralladura de 1 limón
> 1 cucharada de esencia de vainilla
> 1 cucharada de lavanda seca
> 400 g de harina 0000

> pan rallado o sémola para espolvorear

RELLENO
> 1 lata de duraznos al natural escurridos
> 500 g de frutas rojas limpias

CUBIERTA
> 50 g de pan rallado
> 50 g de azúcar
> 40 g de manteca

## PREPARACIÓN

Disolver la levadura en la leche tibia, dentro de un bol. Incorporar el azúcar, los huevos y el aceite. Perfumar con la ralladura, la esencia y la lavanda. Agregar por cucharadas la harina cernida, mezclando bien.

Enmantecar y espolvorear con pan rallado o sémola un molde rectangular. Colocar en él la masa y extenderla en forma pareja. Espolvorear con pan rallado o sémola.

**Relleno:** Distribuir los duraznos sobre la masa y completar los espacios con las frutas rojas.

**Cubierta:** Mezclar el pan rallado con el azúcar y la manteca y espolvorear sobre la fruta.

Dejar leudar hasta que la masa duplique su volumen.

Cocinar en horno moderado aproximadamente 30 minutos.

Retirar del horno, dejar enfriar y cortar en cuadrados.

# Trenza navideña con damascos

## INGREDIENTES

> 20 g de levadura
fresca
> 70 cc de leche tibia
> 1 cucharadita de
azúcar
> 230 g de harina 0000
> 1 pizca de sal
> 40 g de manteca fría
> 1 huevo

RELLENO
> 150 cc de jugo de
naranjas colado
> 110 g de orejones de
damasco picados
> 60 g de pasas de uva
de Esmirna sin semillas
> 80 g de manteca
> 60 g de azúcar rubia

> 30 g de almendras
procesadas
> 60 g de almendras
peladas, tostadas y
picadas gruesas
> ralladura de 1 naranja
ADEMÁS
> huevo para pincelar
> mermelada reducida

## PREPARACIÓN

En un tazón disolver la levadura en la leche tibia. Agregar el azúcar y unas cucharadas de la harina y formar una pasta. Dejar fermentar.

Procesar el resto de la harina con la sal y la manteca fría. Unir con el huevo y el fermento. Dejar leudar al doble.

Estirar en forma de rectángulo y cortar en tres tiras.

**Relleno:** Hervir el jugo de naranjas con los orejones. Retirar del fuego, agregar las pasas y dejar que se hidraten. Colar, reservando el jugo.

Batir a punto pomada la manteca con el azúcar. Incorporar todas las almendras, la ralladura, los orejones y las pasas. Mezclar y dividir en cuatro partes. Reservar una y colocar las otras sobre las tiras de masa, en el centro y a lo largo. Unir los lados largos de cada tira, para obtener cilindros. Juntar los extremos de los tres cilindros, dejando hacia abajo la unión de la masa, y trenzar. Acomodar sobre una placa enmantecada y enharinada. Dejar puntear.

Pintar con huevo ligeramente batido y esparcir por encima el relleno reservado. Cocinar en horno moderado durante 25 minutos, o hasta que esté dorada y firme. Antes de que la trenza se enfríe, pincelarla primero con mermelada reducida y luego con el jugo en el que se habían hidratado los orejones, también reducido.

# Prepizza de José Antonio

## INGREDIENTES

> 1 kilo de harina
> 10 g de sal
> 500 cc de agua

> 90 cc de aceite
> 30 g de levadura fresca
> salsa de tomate

## PREPARACIÓN

Mezclar la harina con la sal y colocarla en forma de corona sobre la mesada.

Poner en un tazón el agua tibia, el aceite y la levadura; mezclar hasta disolver. Verter en el centro de la corona y unir de a poco con la harina. Amasar durante 10 minutos sobre la mesada enharinada. Formar un bollo y dejarlo leudar 10 minutos.

Dividir la masa en cuatro partes iguales. Formar bollos, tapar y dejar leudar 20 minutos más.

Aceitar una pizzera de 32 cm de diámetro y 5 cm de profundidad. Colocar en el centro un bollo de masa y estirar con los dedos hasta llegar al borde. Dejar leudar 25 minutos.

Cubrir con salsa de tomate y cocinar durante 5 minutos en horno muy fuerte, precalentado. Repetir con los otros bollos.

---

*Para tener prepizzas siempre a mano, envolverlas herméticamente en doble bolsa para freezer y congelar hasta 3 meses.*
*Si se prefiere, congelar del mismo modo los bollos, antes del leudado. Descongelar en la heladera con 24 horas de anticipación, dejar leudar a temperatura ambiente, dentro de la misma bolsa abierta, y cocinar.*

# Cubiertas para prepizza

**OPCIÓN 1**
> 1 berenjena en rodajas
> 350 g de champiñones fileteados
> 1 cebolla picada
> 1 tomate picado
> 3 cucharadas de aceite de oliva
> 1 yema
> 1/2 taza de queso parmesano rallado
> 1/2 taza de mozzarella rallada
> 1 cucharada de orégano

**OPCIÓN 2**
> 2 dientes de ajo pelados, enteros
> 2 cucharadas de aceite
> 1 taza de tomates pelados y triturados
> 250 g de mariscos (camarones, mejillones y calamares)
> 1 copa de vino blanco
> 100 g de mozzarella rallada

**OPCIÓN 3**
> 2 cucharadas de aceite de oliva
> 2 tazas de espinaca

blanqueada, escurrida y picada
> 1 cebolla finamente picada
> 1 diente de ajo picado, sin el brote central
> 50 g de almendras fileteadas y tostadas
> 25 g de manteca
> 20 g de harina
> 200 cc de leche
> 100 g de crema de leche
> 3 yemas
> 4 cucharadas de queso gruyère rallado grueso

## PREPARACIÓN

**Opción 1:** Salar la berenjena y dejar drenar en un colador 30 minutos. Saltear todos los vegetales en el aceite; salpimentar. Pincelar una prepizza con la yema. Cubrir con las verduras y llevar a horno fuerte 20 minutos. Esparcir el parmesano, la mozzarella y el orégano. Gratinar y servir.

**Opción 2:** Dorar los ajos en el aceite. Retirarlos e incorporar los tomates y los mariscos. Verter el vino, salpimentar y cocinar 10 minutos. Calentar una prepizza en horno fuerte. Cubrir con la salsa de mariscos y la mozzarella. Hornear 8 minutos y servir.

**Opción 3:** Rehogar en el aceite la espinaca, la cebolla y el ajo. Sazonar y añadir las almendras. En una ollita fundir la manteca, agregar la harina y revolver hasta que burbujee. Incorporar la leche y la crema; condimentar. Agregar las yemas batidas con el queso y revolver hasta que la salsa espese. Calentar una prepizza en horno fuerte. Cubrir con la espinaca y la salsa. Gratinar y servir.

# Fugaza rápida

> *360 g de harina*
> *5 cucharaditas de polvo para*
> *hornear*
> *sal a gusto*
> *agua fría*

> *3 cebollas cortadas en aros*
> *aceite de oliva*
> *pimienta, orégano*
> *1 cucharada de sal parrillera*

## PREPARACIÓN

Tamizar sobre la mesada la harina con el polvo para hornear y la sal. Hacer un hueco en el centro y verter de a poco, mientras se une, el agua fría necesaria para formar una masa suave. Sobarla ligeramente hasta que resulte lisa y tierna.

Estirarla dentro de una pizzera de 30 cm de diámetro, aceitada, y marcar un borde grueso.

Dorar las cebollas en una sartén con aceite de oliva. Colocarlas sobre la masa. Espolvorear con pimienta, orégano y la sal parrillera.

Cocinar en horno fuerte durante 25 minutos. Servir enseguida.

# Pizza integral

**MASA**
> 2 tazas de harina integral gruesa
> 2 tazas de harina integral fina
> sal, pimienta
> 25 g de levadura fresca
> 1 y 1/2 taza de agua tibia
> 3 cucharadas de salsa de soja

**CUBIERTA**
> salsa liviana de tomates

> lomito ahumado
> mozzarella
> tomate fresco
> aceitunas verdes

**GRATINADO**
> 2 cucharadas de pan rallado
> 2 cucharadas de queso rallado
> 2 cucharadas de perejil y ajo picados
> 2 cucharadas de aceite de oliva

## PREPARACIÓN

**Masa:** Mezclar las harinas con sal y pimienta dentro de un bol.

En un tazón disolver la levadura en el agua tibia y añadir la salsa de soja. Mezclar con las harinas hasta obtener una masa húmeda. Colocarla en un bol limpio y aceitado. Tapar con un lienzo húmedo y dejar leudar hasta que duplique su volumen.

Desgasificar la masa. Dividirla en dos bollos iguales y colocarlos en pizzeras aceitadas. Dejar leudar nuevamente.

Cocinar unos minutos en horno fuerte. Retirar y cubrir con salsa liviana de tomates, tajadas de lomito ahumado, mozzarella rallada y rodajas gruesas de tomate fresco.

Combinar los ingredientes del gratinado y esparcirlos por encima. Decorar con aceitunas. Gratinar en el horno y servir.

# Pizza vegetariana a la piedra

**MASA**
> 1 cucharada de levadura fresca
> 300 g de harina 0000
> 1 cucharadita de sal
> 1 pizca de azúcar
> 1 y 1/2 cucharada de aceite de oliva
> 150 cc de agua tibia

**CUBIERTA**
> 1 cebolla picada fina
> 2 cucharadas de aceite de oliva
> 1/2 pimiento rojo trozado
> 2 tomates perita pelados y trozados
> 1 taza de champiñones fileteados
> 1 taza de choclo desgranado
> 1 taza de arvejas al natural escurridas
> sal, pimienta
> abundante mozzarella rallada
> 1 cucharada de orégano

## PREPARACIÓN

**Masa:** Mezclar la levadura con 2 cucharadas de harina hasta obtener un polvo. Ponerlo en un bol junto con el resto de la harina y combinar. Incorporar la sal, el azúcar, el aceite y el agua tibia, mezclando con cuchara de madera para airear la preparación. Si es necesario, agregar unas cucharadas más de agua tibia.

Colocar la masa sobre la mesada. Amasar bien, golpeando y sobando. Estirar hasta alcanzar 1 cm de espesor.

Apoyar la masa sobre el dorso de una pizzera de 30 cm de diámetro, enharinada. Dejar descansar 10 minutos.

Cocinar durante 6 minutos en horno fuerte.

**Cubierta:** Rehogar la cebolla en una sartén con el aceite. Agregar el pimiento, los tomates y los champiñones. Rehogar unos minutos más. Añadir el choclo y las arvejas. Salpimentar y acomodar sobre la masa.

Esparcir la mozzarella rallada y espolvorear con el orégano. Cocinar durante 8 minutos en horno fuerte y servir.

# Chips clásicos

> 1 cucharada de levadura fresca
> 2 cucharadas de azúcar
> 1 taza de leche tibia
> 1 huevo
> 50 g de manteca blanda

> 1 cucharadita de sal
> aproximadamente 2 tazas
  de harina 0000
> yema para pincelar
> manteca derretida para pincelar

## PREPARACIÓN

En un bol disolver la levadura y 1 cucharadita de azúcar en la leche tibia. Dejar fermentar.

Agregar el huevo batido, el resto del azúcar, la manteca blanda, la sal y la cantidad de harina necesaria para formar un bollo de masa que no se pegue. Dejar leudar hasta que duplique su volumen.

Dividir la masa en porciones de 30 g. Bollar y ubicar las piezas en una placa enmantecada y enharinada. Dejar leudar.

Pincelar los chips con yema batida. Cocinar en horno moderado hasta que se doren.

Retirarlos del horno y pincelarlos con manteca derretida antes de que se enfríen.

---

*Son ideales para <u>rellenar</u> con fiambres y vegetales frescos.*

# Chips con panceta ahumada

INGREDIENTES

> 30 g de levadura fresca
> 100 cc de agua tibia
> 1 cucharada de azúcar
> 500 g de harina 0000
> 50 g de manteca blanda
> 2 huevos
> 100 cc de leche tibia
> 1 cucharadita de sal

> 200 g de panceta ahumada
> procesada

PARA PINCELAR
> 1 huevo
> 2 cucharadas de agua
> 1 cucharada de semillas
> de comino o kümmel

## PREPARACIÓN

En un tazón disolver la levadura con el agua tibia. Incorporar el azúcar y un par de cucharadas de harina, tomadas del total. Dejar espumar.

Unir en un bol la manteca, los huevos, la leche tibia y la esponja de levadura. Incorporar la harina restante mezclada con la sal y la panceta. Formar un bollo tierno. Amasar hasta que se despegue de la mesada.

Acomodar el bollo dentro de un bol enmantecado. Tapar con un plástico y luego con un lienzo. Dejar leudar hasta que duplique su volumen.

Desgasificar y volver a leudar unos minutos.

Dividir la masa en bollos de 30 g y bollar formando pancitos ovalados. Acomodar los panes sobre una placa enmantecada y enharinada. Dejar puntear.

Pincelar con la mezcla de huevo y agua; esparcir las semillas de comino o kümmel. Cocinar en horno fuerte durante 20 minutos.

*Para variar, utilizar 200 g de salame o 100 g de queso azul en lugar de la panceta.*

# Galletitas de avena

> *60 g de harina 0000*
> *80 g de avena arrollada*
> *1/2 cucharadita de polvo*
>   *para hornear*

> *1 cucharadita de azúcar*
> *1/2 cucharadita de sal*
> *5 cucharadas de aceite de maíz*
> *1/4 taza de agua fría*

## PREPARACIÓN

Mezclar la harina con la avena, el polvo para hornear, el azúcar y la sal dentro de un bol.

Incorporar el aceite y después el agua, uniendo con las manos hasta obtener una masa lisa. Si es necesario, agregar más agua (esto dependerá de la clase de avena que se emplee). Dejar reposar unos minutos.

Estirar la masa hasta dejarla de 2 mm de espesor. Cortar cuadrados de 6 cm de lado. Pinchar con tenedor.

Acomodar las galletitas sobre una placa lubricada con rocío vegetal. Cocinar en horno fuerte durante 15 minutos.

---

*Estas galletitas son ideales para preparar sándwiches de pavita o de pollo con lechuga y tomate, o para untar con queso blanco y mermelada diet.*

# Nidos de Pascua

## INGREDIENTES

> *40 g de levadura fresca*
> *250 cc de leche tibia*
> *500 g de harina*
> *50 g de azúcar*
> *50 g de manteca*

> *1 huevo*
> *1 pizca de sal*
> *1 pizca de nuez moscada*
> *huevos de codorniz*
> *yema para pincelar*

## PREPARACIÓN

Mezclar la levadura con la leche tibia en un tazón. Agregar algunas cucharadas de harina y algunas de azúcar, retiradas del total. Dejar espumar alrededor de 15 minutos.

Derretir la manteca y unirla con el huevo, la sal y la nuez moscada. Incorporar el resto del azúcar, el fermento y el resto de harina. Formar una masa maleable. Dejar leudar 15 minutos.

Dividir la masa en bollitos de 50 g. Hacerlos rodar, con las manos enharinadas, para obtener cordones de 50 cm de largo. Enroscarlos para formar círculos y cerrar con un nudo. Colocar en el centro un huevo de codorniz.

Ubicar los nidos sobre una placa enmantecada. Pincelarlos con yema batida. Dejar leudar 10 minutos.

Cocinar en horno moderado aproximadamente 20 minutos.

# Pan de miga saborizado

## INGREDIENTES

> 600 cc de agua a temperatura ambiente
> 1 cucharada de extracto de malta
> 25 g de manteca blanda
> 20 g de sal
> 20 g de levadura fresca

> 1 kilo de harina 0000
> 2 cucharadas de ajo y perejil picados
> 2 cucharadas de adobo para pizza
> sal a gusto
> aceite de oliva

## PREPARACIÓN

Colocar en un bol el agua y el extracto de malta; disolver. Agregar la manteca y la sal.

Desgranar la levadura en la harina y añadir de a poco a la mezcla líquida.

Formar un bollo y amasarlo sobre la mesada. Dejar leudar durante 30 minutos.

Dividir la masa en dos partes. Estirarlas con palote en forma de rectángulos delgados.

Combinar en un bol el ajo y el perejil, el adobo para pizza, sal a gusto y aceite de oliva en cantidad necesaria para impregnar la mezcla. Untar con ella los rectángulos de masa. Enrollar, presionando bien para que la masa se desgasifique y no quede con burbujas.

Acomodar los rollos dentro de moldes savarin enmantecados. Ajustar para que se sigan desgasificando y tomen forma pareja. Dejar leudar hasta que lleguen casi a los bordes.

Cocinar en horno muy fuerte durante 30 minutos. Desmoldar y dejar reposar 24 horas antes de cortar.

# Pan integral con pimiento

INGREDIENTES

FERMENTO
> 30 g de levadura fresca
> 100 cc de agua tibia
> 1 cucharadita de azúcar
> 50 g de harina integral
MASA
> 500 g de harina integral
> 1 cucharadita de sal

> 70 g de margarina blanda
> 1 pimiento rojo picado y salteado
  en aceite
> 1 cucharada de albahaca triturada
> 50 g de aceitunas negras picadas
> agua tibia
> azúcar impalpable para
  espolvorear

PREPARACIÓN

**Fermento:** En un tazón disolver la levadura en el agua tibia. Agregar el azúcar y la harina. Mezclar bien y dejar fermentar.

**Masa:** Colocar la harina en un bol, espolvorear con la sal y hacer un hueco en el centro. Poner allí la margarina, el pimiento, la albahaca y las aceitunas; añadir el fermento y unir. Tomar la masa con el agua tibia necesaria y formar un bollo.

Amasar sobre la mesada hasta que resulte suave y no se pegue. Dejar leudar al doble de su volumen. Amasar nuevamente para desgasificar.

Enmantecar un molde media caña acanalado, o un molde para budín inglés, y ubicar en él la masa. Dejar leudar hasta el borde.

Cocinar en horno fuerte durante 30 minutos. Espolvorear levemente con azúcar impalpable.

# Pancitos con salame

## INGREDIENTES

> *25 g de levadura fresca*
> *1 cucharadita de azúcar*
> *350 cc de agua tibia*
> *500 g de harina 0000*

> *25 g de sal*
> *50 g de grasa de cerdo derretida*
> *200 g de salame cortado en cubitos*

## PREPARACIÓN

Disolver la levadura y el azúcar en 50 cc de agua tibia, dentro de un bol. Dejar espumar.

En recipientes separados combinar la harina con la sal y la grasa con el resto del agua tibia.

Realizar una masa integrando la levadura espumada, la mezcla de harina y la de grasa. Formar un bollo y dejar leudar hasta que duplique su volumen.

Desgasificar la masa e incorporar el salame. Cortar piezas de 50 g y bollarlas. Colocar en una placa enmantecada y dejar leudar unos minutos.

Cocinar los pancitos en horno fuerte hasta que se doren.

# Pancitos de centeno y frutas secas

INGREDIENTES

**FERMENTO**
> 75 g de levadura fresca
> 2 cucharadas de agua tibia
> 2 cucharadas de azúcar
> 2 cucharadas de harina

**MASA**
> 250 g de harina de centeno
> 250 g de harina 0000
> 2 cucharaditas de sal
> 1 cucharadita de azúcar

> 70 g de nueces
> 80 g de castañas de Cajú saladas
> 1 cucharadita de manteca
  para saltear
> 30 g de manteca derretida y fría
> 1 huevo
> 300 a 400 cc de agua tibia
> yema para pincelar
> 12 nueces mariposa
> 12 castañas de Cajú saladas

## PREPARACIÓN

**Fermento:** Unir la levadura con el agua tibia y el azúcar en un tazón. Agregar la harina y mezclar. Dejar espumar.

**Masa:** Combinar las harinas con la sal y el azúcar. Picar gruesas las nueces y las castañas de Cajú y rehogarlas en la manteca.

En un bol integrar la manteca derretida, el huevo y el fermento. Incorporar la mezcla de harinas, las frutas secas rehogadas y el agua necesaria para formar una masa que no se pegue. Dejar leudar hasta que duplique su volumen.

Dividir la masa en porciones de 50 g, bollar y colocar sobre placas enmantecadas y enharinadas. Dejar leudar nuevamente.

Pincelar los pancitos con yema ligeramente batida y decorar algunos con una nuez y otros con una castaña de Cajú.

Cocinar en horno fuerte de 8 a 10 minutos.

# Pancitos de papa

## INGREDIENTES

> 500 g de harina 0000
> 1/2 taza de aceite
> 1 cucharada de sal
> 1 taza de agua tibia
> 4 papas

> 2 cucharadas de leche
> sal, pimienta, nuez moscada
> 1 cebolla picada
> 1/2 pimiento rojo picado
> aceite para rehogar

## PREPARACIÓN

En un bol unir la harina con el aceite y la sal disuelta en el agua tibia, hasta obtener una masa blanda y elástica. Formar un bollo y dejar reposar 1 hora.

Pelar y cocinar las papas. Realizar un puré, aligerarlo con la leche y condimentarlo con sal, pimienta y nuez moscada.

Rehogar la cebolla y el pimiento en una sartén con aceite e incorporarlos al puré, mezclando bien.

Estirar la masa en forma de rectángulo bien fino. Pincelar con aceite y espolvorear con harina. Dividir en tres porciones. Extender sobre cada porción, a lo largo de uno de los bordes, una hilera de puré. Enrollar con cuidado. Presionar con el canto de la mano para dividir el rollo en trozos de 10 cm. Formar pancitos redondos y colocarlos en una placa aceitada.

Cocinar en horno fuerte durante 30 minutos.

# Pancitos de queso del Litoral

> 250 g de queso mantecoso
> 1/2 taza de queso parmesano
> rallado
> 200 g de grasa de cerdo
> 4 huevos
> sal, pimienta

> 500 g de harina de mandioca
> 250 g de queso emmental o gruyère
> en daditos
> 1/3 de taza de leche
> 3 cucharaditas de polvo para
> hornear

## PREPARACIÓN

Procesar los quesos mantecoso y parmesano con la grasa, los huevos, sal y pimienta. Pasar a un bol.

Incorporar la harina de mandioca, el queso emmental o gruyère, la leche y el polvo para hornear. Mezclar para obtener una masa compacta.

Tomar pequeñas pociones y formar pancitos redondos o alargados. Colocar sobre placas enmantecadas y dejar reposar.

Cocinar en horno fuerte hasta que se hinchen. No sobrecocinarlos, para evitar que la mandioca se torne amarga.

*Servir estos pancitos calientes o tibios, pues al enfriarse la miga se vuelve muy pesada. Para recalentar los que no se consuman en el momento, colocarlos dentro de una bolsa de papel, rociarla con agua y llevar a horno suave hasta que el papel esté seco.*

# Pancitos griegos con ternera

**RELLENO**
> 3 cucharadas de aceite
> 2 cucharadas de manteca
> 250 g de cebolla picada
> 250 g de carne picada
> sal, pimienta
> 1 cucharadita de pimentón

**FERMENTO**
> 25 g de levadura fresca
> 1 cucharada de azúcar
> 4 cucharadas de leche tibia

**MASA**
> 500 g de harina
> 1/2 cucharada de sal

> 1 cucharada de azúcar
> 200 cc de leche tibia
> 1 huevo
> 1 yema
> 100 g de manteca blanda

**ADEMÁS**
> aceite para pintar

## PREPARACIÓN

**Relleno:** Calentar el aceite y la manteca en una sartén. Dorar la cebolla, añadir la carne y saltear hasta que esté cocida. Sazonar con sal, pimienta y el pimentón. Dejar enfriar.

**Fermento:** Colocar en un bol la levadura, el azúcar y la leche tibia. Agregar 1 cucharada de harina, tomada del total. Dejar fermentar durante 10 minutos.

**Masa:** En un bol mezclar 400 g de harina con la sal y el azúcar. Hacer un hueco en el centro y poner allí el fermento, la leche, el huevo y la yema. Unir desde el centro hacia afuera. Añadir la manteca e integrarla. Agregar la harina restante para formar una masa que no se pegue a los dedos. Si es necesario, agregar más harina.

Colocar la masa sobre la mesada y trabajarla unos minutos. Dejar leudar hasta que duplique su volumen. Estirar la masa sobre la mesada enharinada hasta alcanzar 5 mm de espesor. Cortar discos con un cortapastas. Disponer 1/2 cucharada de relleno sobre cada disco, encerrar el relleno con la masa y sellar con un pellizco.

Acomodar los pancitos sobre una placa enmantecada, con la unión hacia abajo y separados unos de otros. Tapar con un plástico y dejar que retomen su forma. Cocinar en horno moderado a fuerte hasta que se doren. Retirar y pintar con aceite.

# Pancitos rápidos de jamón y queso

## INGREDIENTES

> 500 g de harina leudante
> 1/2 cucharada de sal
> 2 cucharaditas de polvo para
> hornear
> 150 g de manteca blanda

> 100 g de queso fontina rallado
> 100 g de queso fresco en cubos
> 150 g de jamón cocido en cubos
> aproximadamente 1 vaso de
> cerveza

## PREPARACIÓN

Colocar en un bol la harina, la sal, el polvo para hornear y la manteca. Trabajar hasta integrar.

Incorporar los quesos y el jamón. Unir con la cantidad de cerveza necesaria para formar una masa, sin amasar demasiado. Dejar descansar en la heladera.

Estirar la masa hasta alcanzar 3 cm de espesor y cortar discos con un cortapastas de 6 cm de diámetro. Acomodar los pancitos sobre una placa enmantecada, separados unos de otros.

Cocinar en horno moderado, precalentado, aproximadamente 30 minutos.

# Panes con salvado y amaranto

> *50 g de levadura fresca*
> *100 cc de agua tibia*
> *50 g de azúcar*
> *500 g de harina*
> *20 g de salvado de trigo*

> *1 cucharada de semillas de amaranto*
> *40 g de manteca derretida y fría*
> *yema para pincelar*
> *semillas de amaranto para espolvorear*

## PREPARACIÓN

En un tazón disolver la levadura en el agua tibia. Agregar 1 cucharada del azúcar y 1 cucharada de la harina y dejar espumar.

Hidratar el salvado con una mínima cantidad de agua tibia.

Mezclar la harina y el azúcar restantes dentro de un bol. Agregar las semillas de amaranto, el salvado, la manteca derretida y la levadura espumada. Formar una masa homogénea y dejar leudar.

Tomar porciones de aproximadamente 25 g y bollarlas. Ubicarlas sobre una placa enmantecada. Dejar leudar.

Pincelar con yema ligeramente batida y esparcir semillas de amaranto. Cocinar los pancitos en horno moderado hasta que se doren.

# Trenza de tres colores

**FERMENTO**
> 50 g de levadura fresca
> 1 cucharada de azúcar
> 50 cc de agua tibia
> 1 cucharada de harina

**MASA**
> 2 huevos
> 75 g de margarina blanda
> 250 cc de agua tibia

> 50 g de azúcar
> 1 kilo de harina 0000
> 1 cucharadita de sal
> 250 g de puré de zanahorias
> 250 g de espinaca cocida y procesada
> 250 g de remolachas cocidas
  y procesadas
> huevo para pincelar
> semillas de amapola para espolvorear

## PREPARACIÓN

**Fermento:** En un tazón disolver la levadura y el azúcar en el agua tibia. Agregar la harina y dejar fermentar.

**Masa:** En un bol unir los huevos con la margarina, el agua tibia, el azúcar y el fermento. Incorporar la harina junto con la sal y mezclar hasta formar un bollo tierno.

Dividirlo en tres partes iguales.

Añadir a uno de los bollos el puré de zanahorias, a otro la espinaca y al tercero las remolachas. Si es necesario, agregar harina para ajustar la consistencia. Dejar leudar al doble de su volumen.

Desgasificar los bollos y formar un cordón con cada uno. Unirlos por un extremo y trenzarlos.

Acomodar la trenza sobre una placa enmantecada y dejar puntear.

Pincelar con huevo, esparcir semillas de amapola y cocinar 50 minutos en horno moderado.

---

*El puré de zanahorias se puede reemplazar por una mezcla de 100 g de tomates secos hidratados y 100 g de aceitunas negras en trocitos.*

# Budines

# Budín árabe de azahares

> 2 tazas de azúcar
> 1 taza de manteca derretida y fría
> 5 yemas
> 1 cucharada de agua de azahar
> 500 cc de leche

> 3 tazas de harina leudante
> 1 pizca de nuez moscada
> 5 claras
> 100 g de nueces picadas y tostadas

## PREPARACIÓN

Unir 1 y 1/2 taza de azúcar con la manteca, dentro de un bol, hasta obtener una crema homogénea.

Agregar las yemas de a una, el agua de azahar y la leche.

Incorporar la harina tamizada con la nuez moscada.

Aparte, batir a punto nieve las claras con el resto del azúcar. Añadirlas a la preparación anterior junto con las nueces.

Colocar en un molde para budín inglés, enmantecado. Cocinar en horno moderado durante 1 hora.

---

*Para tostar las nueces, ponerlas en una sartén con 1 cucharadita de manteca y revolver sobre fuego suave hasta que tomen color y despidan rico aroma.*

# Budín de amapola y limón

> 150 g de harina 0000
> 150 g de almidón de maíz
> 1 cucharadita colmada de polvo
>   para hornear
> 2 cucharadas de semillas de amapola
> 150 g de manteca blanda
> 1 lata de leche condensada
> 2 yemas
> ralladura de 1 limón y de 1 naranja

> 100 cc de jugo de naranjas colado
> 2 claras
> 2 cucharadas de azúcar

**GLASEADO**

> azúcar impalpable
> jugo de 1 limón colado
> semillas de amapola para
>   espolvorear

## PREPARACIÓN

Tamizar dos veces la harina con el almidón, el polvo para hornear y las semillas de amapola.

En un bol batir la manteca con batidora eléctrica durante unos minutos. Añadir la leche condensada en forma de hilo, las yemas de a una, las ralladuras y el jugo de naranjas, batiendo bien después de cada adición.

Aparte, batir a punto nieve las claras con el azúcar. Incorporarlas a la preparación anterior, alternando con los ingredientes secos y mezclando en forma envolvente con batidor de alambre.

Verter en un molde savarin enmantecado y enharinado. Cocinar en horno moderado, precalentado, hasta que el budín se dore ligeramente.

Dejar reposar 15 minutos antes de desmoldar.

**Glaseado:** Mezclar el azúcar impalpable con la cantidad de jugo de limón necesaria para lograr una pasta fluida. Bañar el budín y esparcir semillas de amapola antes de que el glaseado se seque.

# Budín de avellanas, chocolate y pasas

## INGREDIENTES

> 70 g de manteca blanda
> 1 y 1/2 taza de azúcar
> 4 yemas
> 1 taza de harina
> 2 cucharaditas de polvo para hornear
> 1 pizca de canela
> 1 pizca de macis

> 1/2 taza de oporto
> 4 barritas de chocolate fundidas
> 1 taza de avellanas peladas y picadas gruesas
> 50 g de pasas de uva sin semillas
> 4 claras
> 2 cucharadas de azúcar adicional

## PREPARACIÓN

En un bol batir la manteca con el azúcar hasta que esté cremosa. Incorporar las yemas de a una, batiendo vigorosamente.

Mezclar la harina con el polvo para hornear, la canela y la macis. Incorporar al batido, alternando con el oporto. Añadir el chocolate, las avellanas y las pasas.

Aparte, batir a punto nieve las claras con el azúcar adicional. Agregarlas a la preparación anterior, con movimientos envolventes.

Colocar en un molde para budín inglés enmantecado y enharinado. Cocinar en horno moderado durante 45 minutos.

# Budín de batatas

> 1 kilo de batatas
> 2 cucharadas de manteca
> 1 taza de azúcar
> 1/2 taza de leche caliente
> 5 huevos
> 1 taza de nueces picadas

> 2 cucharadas de cacao amargo
> 2 cucharadas de coñac
> 1 cucharadita de esencia de
>   vainilla
> azúcar para acaramelar el molde
> crema chantillí para acompañar

## PREPARACIÓN

Asar al horno las batatas con cáscara. Cuando aún estén calientes, pelarlas y realizar un puré. Enriquecerlo con la manteca, el azúcar y la leche caliente.

Incorporar los huevos ligeramente batidos y las nueces picadas.

Separar la preparación en dos partes iguales. Agregar el cacao y el coñac a una porción, y la vainilla a la otra.

Acaramelar un molde para budín y verter la preparación por cucharadas, alternando los colores.

Cocinar a baño de María en horno moderado hasta que esté firme.

Dejar enfriar, desmoldar y servir con crema chantillí.

# Budín de ciruelas
# y nueces

> 2 huevos
> 120 g de azúcar
> 1 cucharadita de esencia
  de vainilla
> 150 g de nueces

> 120 g de ciruelas pasa sin carozo
  picadas gruesas
> 100 g de harina 0000
> 1 pizca de sal
> jugo de 1 limón colado

## PREPARACIÓN

En un bol batir a blanco los huevos con el azúcar. Perfumar con la esencia.

Combinar las nueces, las ciruelas, la harina y la sal. Unir con el batido.

Colocar en un molde de 5 cm de ancho por 35 cm de largo y 6 cm de alto, enmantecado y enharinado. Cocinar en horno moderado, precalentado, durante 15 minutos.

Retirar el molde del horno y rociar el budín con el jugo de limón. Volver al horno hasta que se dore.

# Budín de coco y almendras

> *3 huevos*
> *1 lata de leche condensada*
> *1 cucharadita de esencia de vainilla*
> *ralladura de 1 naranja*
> *200 g de harina leudante*
> *100 g de coco rallado*

> *50 g de manteca derretida y fría*
> *50 g de almendras tostadas y picadas gruesas*

**GLASEADO**
> *6 cucharadas de azúcar impalpable*
> *jugo de limón*
> *coco rallado para espolvorear*

## PREPARACIÓN

En un bol batir los huevos hasta que estén espumosos. Agregar de a poco la leche condensada, mientras se continúa batiendo. Perfumar con la esencia y la ralladura.

Añadir gradualmente la harina mezclada con el coco; integrar bien.

Incorporar la manteca derretida y las almendras.

Verter en un molde para budín inglés enmantecado y enharinado. Cocinar en horno moderado de 30 a 35 minutos.

Retirar, dejar reposar 5 minutos y desmoldar.

**Glaseado:** Mezclar el azúcar impalpable con la cantidad de jugo de limón necesaria para obtener una pasta semiespesa. Bañar el budín. Espolvorear de inmediato con coco rallado.

---

*Para intensificar el sabor del coco, tostarlo ligeramente en una sartén limpia.*

# Budín de damascos

## INGREDIENTES

> 200 g de damascos secos
> 1 vaso de vino torrontés caliente
> 3 claras a temperatura ambiente
> 200 g de azúcar
> 100 g de manteca derretida y fría
> 3 yemas

> 80 g de almendras peladas, tostadas y procesadas
> 250 g de harina leudante
> 2 cucharaditas de polvo para hornear
> 1 taza de mermelada de damascos

## PREPARACIÓN

Remojar los damascos en el vino hasta que estén tiernos. Procesarlos hasta lograr un puré cremoso.

En un bol batir las claras hasta que espumen. Incorporar el azúcar en forma de lluvia y continuar batiendo hasta obtener un merengue firme. Agregar en forma de hilo la manteca y las yemas ligeramente mezcladas. Integrar el puré de damascos.

Combinar las almendras con la harina y el polvo para hornear. Incorporar a la preparación anterior y unir bien.

Verter en un molde savarin enmantecado y enharinado. Cocinar durante 40 minutos en horno moderado, precalentado.

Retirar, dejar reposar 5 minutos y desmoldar. Bañar de inmediato con la mermelada de damascos caliente, para que se impregne.

*Este budín resulta delicioso si se acompaña con crema de leche batida a medio punto, con azúcar a gusto y unas gotas de esencia de almendras para perfumar.*

# Budín de frutas y ricota

INGREDIENTES

> 500 g de manzanas verdes
> 500 g de peras
> 1 copita de sidra
> 500 g de ricota
> 4 yemas
> 4 cucharadas de crema de leche
> 2 cucharadas de ralladura de naranja

> 1 pizca de sal
> 3 cucharadas de almidón
> de maíz
> 1/4 taza de leche
> 4 claras
> 150 g de azúcar
> pasas de uva

## PREPARACIÓN

Pelar, despepitar y cortar en finas rodajas las manzanas y las peras. Colocarlas en un recipiente y bañarlas con la sidra.

En un bol batir la ricota con las yemas, la crema, la ralladura, la sal y el almidón disuelto en la leche.

Aparte, batir a punto merengue las claras con el azúcar. Incorporarlas a la mezcla anterior con movimientos envolventes.

Enmantecar un molde para budín inglés. Forrar la base y los costados con papel manteca. Acomodar en el fondo una capa de fruta, esparcir pasas de uva y cubrir con varias cucharadas de la preparación de queso. Repetir las capas hasta completar el molde.

Cocinar en horno moderado hasta que la fruta esté tierna y la pasta de queso, firme.

*La sidra se puede reemplazar por licor a elección.*

# Budín de limón, chocolate y nueces

> 125 g de manteca blanda
> 200 g de azúcar impalpable
> 150 g de harina leudante
> 1 cucharadita de polvo para hornear
> 3 huevos
> 50 g de nueces picadas

> 1 cucharada de cacao amargo
> 2 o 3 cucharadas de leche tibia
> ralladura de 1 limón
> ron para rociar
> azúcar impalpable para espolvorear

## PREPARACIÓN

En un bol batir a punto pomada la manteca con el azúcar.

Combinar la harina con el polvo para hornear e incorporar al batido, alternando con los huevos ligeramente mezclados.

Separar un tercio de la pasta. Añadirle las nueces y el cacao disuelto en la leche tibia.

Perfumar con la ralladura los dos tercios de pasta restantes.

Forrar con papel manteca un molde para budín inglés de 24 cm. Colocar dentro, en forma alternada, cucharadas de pasta de chocolate y de pasta de limón.

Cocinar en horno moderado aproximadamente 45 minutos.

Retirar y desmoldar. Cuando aún esté tibio, rociar la superficie con ron. Dejar enfriar y espolvorear con azúcar impalpable.

# Budín de manzanas

> 6 manzanas verdes grandes
> 1 taza de azúcar
> 1 cucharadita de canela en polvo
> 1 y 1/2 cucharada de gelatina sin sabor
> 1 taza de agua fría
> 100 g de pasas de uva maceradas
>   en coñac

> 2 huevos
> 1 cucharadita de esencia
>   de vainilla
> 100 g de vainillas desmenuzadas
> azúcar para acaramelar
>   el molde
> 200 g de crema chantillí

## PREPARACIÓN

Pelar las manzanas, despepitarlas y rallarlas con el lado grueso del rallador.

Colocar en un bol las manzanas, el azúcar, la canela, la gelatina hidratada en el agua fría, las pasas, los huevos, la esencia y las vainillas. Mezclar bien.

Acaramelar una budinera con tubo central y verter en ella la preparación. Cocinar a baño de María en horno moderado durante 40 minutos.

Retirar, dejar entibiar y enfriar en la heladera. Desmoldar y decorar con crema chantillí.

# Budín de Pascua

> *200 g de pasas de uva sin semillas*
> *1 vasito de licor marrasquino*
> *200 g de dátiles descarozados*
> *200 g de nueces picadas*
> *200 g de azúcar*

> *100 g de harina leudante*
> *5 huevos*
> *almendras y cerezas para decorar*
> *crema de leche para acompañar*

## PREPARACIÓN

Remojar las pasas de uva en el licor, dentro de un bol.

Picar finamente los dátiles y mezclarlos con las pasas.

Incorporar las nueces, el azúcar y la harina.

Batir los huevos y añadirlos a la preparación anterior.

Verter en una budinera con tubo central, enmantecada.
Cocinar en horno moderado aproximadamente 40 minutos.

Retirar, dejar entibiar y desmoldar. Decorar con almendras y cerezas. Servir con crema batida a medio punto.

# Budín de vaso

INGREDIENTES

> *2 huevos*
> *1 vaso de miel*
> *3/4 vaso de aceite de maíz*
> *1/2 vaso de té fuerte*
> *1 y 1/2 vaso de azúcar rubia*
> *1 manzana verde rallada*
> *4 vasos de harina leudante*

> *1 cucharadita de bicarbonato*
>   *de sodio*
> *1 cucharadita de canela molida*
> *1 cucharadita de jengibre en polvo*
> *1/2 vaso de nueces picadas*
> *azúcar impalpable para*
>   *espolvorear*

## PREPARACIÓN

Procesar los huevos con la miel, el aceite, el té y el azúcar rubia. Pasar a un bol y agregar la manzana.

Tamizar la harina con el bicarbonato, la canela y el jengibre. Agregar a la mezcla anterior, junto con las nueces.

Verter en un molde rectangular forrado con papel manteca. Cocinar en horno moderado hasta que el budín esté firme.

Retirar, dejar enfriar y cortar porciones. Espolvorear con azúcar impalpable.

# Budín de zapallo

> 1 calabaza
> azúcar rubia
> 4 huevos
> 2 cucharadas de rralladura
  de naranja
> 30 g de manteca derretida
  y fría

> 100 g de pasas de uva rubias
> 1 taza de bizcochos molidos
> azúcar para acaramelar el molde
PARA ACOMPAÑAR
> 3 naranjas fileteadas
> 30 g de manteca
> 2 cucharadas de azúcar

## PREPARACIÓN

Cocinar la calabaza en el horno hasta que esté tierna. Pelar y descartar las semillas. Pesar 1 kilo de pulpa y realizar un puré. En caliente, endulzar a gusto con azúcar rubia (depende del dulzor de la calabaza).

Incorporar los huevos batidos, mezclando. Perfumar con la ralladura de naranja.

Agregar la manteca derretida, las pasas y los bizcochos. Unir bien.

Acaramelar una budinera con tubo central y verter en ella la preparación. Cocinar a baño de María en horno moderado durante 50 minutos.

Retirar, dejar enfriar y desmoldar.

**Para acompañar:** Dorar las naranjas en una sartén con la manteca y el azúcar. Servir con el budín.

---

*Si se prefiere, acompañar el budín con* crema chantillí *o* helado de vainilla.

# Budín espumoso de limón

> *7 yemas*
> *1 taza de azúcar*
> *1 cucharadita de esencia de vainilla*
> *1 cucharada de jugo de limón colado*
> *1 cucharada de ralladura de limón*

> *7 claras*
> *1/2 taza de harina*
> *1/2 taza de almidón de maíz*
> SALSA
> *1 taza de azúcar impalpable*
> *limoncello*
> *ralladura de 1 limoncito verde*

## PREPARACIÓN

En un bol batir las yemas con la mitad del azúcar hasta que estén bien espumosas. Perfumar con la esencia, el jugo de limón y la ralladura.

Aparte, batir las claras hasta que estén espumosas. Agregar el resto de azúcar y seguir batiendo hasta obtener un merengue firme.

Incorporar al batido de yemas, en forma alternada, el merengue y la harina cernida con el almidón.

Colocar en un molde savarin enmantecado y enharinado. Cocinar en horno moderado hasta que el budín comience a dorarse y se separe de las paredes del molde.

Desmoldar y bañar con la salsa de limón.

**Salsa:** Mezclar el azúcar impalpable con la cantidad de limoncello necesaria para obtener una salsa corrediza. Incorporar la ralladura de limón.

# Budín inglés
# de queso y manzana

> 500 g de harina leudante
> 1 cucharada de polvo para hornear
> 1/2 cucharadita de sal
> 60 g de manteca blanda
> 150 g de queso cheddar en láminas

> 4 manzanas verdes peladas,
> despepitadas y ralladas
> 2 huevos
> avena arrollada para espolvorear

Tamizar juntos la harina, el polvo para hornear y la sal. Añadir la manteca y formar un arenado.

Enrollar las láminas de queso cheddar y cortar porciones de 1 cm. Incorporarlas a la mezcla anterior.

Aparte, combinar las manzanas con los huevos. Agregar la preparación de queso y unir bien.

Colocar la masa, por cucharadas, en un molde para pan de 1 kilo. Esparcir avena arrollada en la superficie.

Cocinar en horno moderado, precalentado, hasta que levante bien y se dore ligeramente.

# Budín turco

> *150 g de manteca blanda*
> *200 g de azúcar*
> *80 g de turrón blando de maní*
> *3 huevos*
> *2 cucharadas de coñac*
> *1 cucharada de esencia de vainilla*
> *350 g de harina leudante*
> *1 pocillo de café fuerte*
> *60 g de pasas de uva sin semillas*
> *maceradas en coñac*

**GLASEADO**
> *1 cucharada de café fuerte*
> *1 cucharada de licor de café*
> *azúcar impalpable*

**ADEMÁS**
> *turrón blando de maní*
> *desmenuzado*

## PREPARACIÓN

En un bol batir la manteca con el azúcar y el turrón hasta que se forme una crema lisa.

Agregar los huevos de a uno. Perfumar con el coñac y la esencia.

Incorporar gradualmente la harina, alternando con el café, hasta que se forme una pasta untable (a veces, según el tamaño de los huevos que se hayan empleado, no es necesario usar la totalidad del café). Añadir las pasas.

Verter en un molde para budín inglés enmantecado, enharinado y con papel manteca en la base.

Cocinar en horno moderado de 30 a 45 minutos, o hasta que se dore la superficie.

**Glaseado:** Mezclar el café con el licor e incorporar la cantidad de azúcar impalpable necesaria para lograr una pasta fluida. Bañar el budín caliente. Esparcir por encima turrón de maní desmenuzado.

# Budín vienés
# de chocolate

INGREDIENTES

> 150 g de chocolate para taza
> 150 g de manteca
> 100 g de miga de pan lácteo
> 150 g de crema de leche
> 50 g de almendras peladas,
  tostadas y molidas

> 5 huevos
> 150 g de azúcar
> 1 pizca de macis o nuez moscada
> crema de leche para acompañar

## PREPARACIÓN

Fundir el chocolate, agregarle la manteca y revolver hasta integrar. Dejar enfriar.

Hidratar la miga de pan en la crema de leche. Agregar las almendras.

En un bol batir los huevos a punto cinta con el azúcar. Perfumar con la macis o la nuez moscada.

Incorporar al batido la mezcla de chocolate y la de pan. Unir bien.

Colocar la preparación en una terrina enmantecada; tapar. Cocinar a baño de María en horno moderado durante 1 hora.

Servir sin desmoldar, rociado con crema de leche sin batir ni endulzar.

# Budincitos de nuez

> 1 taza de azúcar
> 1 y 1/2 taza de harina leudante
> 1 taza de nueces picadas
> 1 pizca de sal

> 2 huevos
> 1/2 taza de leche
> 1/2 taza de aceite de maíz
> azúcar impalpable para espolvorear

## PREPARACIÓN

En un bol mezclar el azúcar con la harina, las nueces y la sal.

Combinar los huevos con la leche y el aceite. Incorporar a los ingredientes secos.

Distribuir la preparación en moldes para budincitos enmantecados y enharinados o en pirotines grandes.

Cocinar en horno moderado durante 25 minutos.

Presentar los budincitos espolvoreados con azúcar impalpable.

# Budincitos de vainilla y avellanas

INGREDIENTES

> 200 g de manteca blanda
> 250 g de azúcar
> 1 cucharadita de esencia
  de vainilla
> 4 huevos
> 200 g de avellanas molidas
> 1 cucharadita de canela en polvo

> 1 pizca de jengibre molido
> 250 g de harina leudante
> oporto (si hace falta)
> pan rallado para los moldes
> 1 sobre de baño de chocolate blanco
> avellanas tostadas picadas gruesas
  para decorar

## PREPARACIÓN

En un bol batir a punto pomada la manteca con el azúcar. Aromatizar con la esencia.

Agregar los huevos de a uno, batiendo bien después de cada adición.

Combinar las avellanas con la canela, el jengibre y la harina. Incorporar al batido. Si es necesario, humedecer con algunas cucharadas de oporto.

Enmantecar y espolvorear con pan rallado 12 moldes para budincitos. Repartir en ellos la preparación. Cocinar en horno moderado hasta que estén dorados.

Retirar, dejar reposar 10 minutos y desmoldar.

Fundir el baño de chocolate blanco como indica el envase. Bañar los budincitos y decorar con avellanas.

---

*Si prefiere, hornear la mezcla en un molde para budín inglés de 30 cm.*

# Budincitos de yogur con almíbar de rosas

> *250 g de yogur entero*
> *3 huevos*
> *200 g de azúcar impalpable*
> *1 cucharada de ralladura*
> *de limón*
> *60 g de manteca derretida y fría*
> *250 g de harina leudante*

**ALMÍBAR**
> *250 g de azúcar*
> *2 cucharadas de jugo de limón*
> *colado*
> *2 cucharadas de agua de rosas*

**ADEMÁS**
> *pistachos ligeramente tostados*

## PREPARACIÓN

Mezclar en un bol el yogur, los huevos, el azúcar impalpable, la ralladura de limón y la manteca derretida.

Agregar de a poco la harina tamizada.

Verter en moldes para muffins enmantecados y enharinados.

Cocinar en horno moderado, precalentado, durante 30 minutos.

**Almíbar:** Preparar un almíbar con el azúcar, agua en cantidad necesaria para cubrir, el jugo de limón y el agua de rosas.

Al retirar los budincitos del horno, bañarlos con el almíbar para que se empapen bien. Desmoldar y esparcir pistachos en la superficie.

# Guglhupf delicioso

> *20 g de levadura fresca*
> *60 g de azúcar*
> *125 cc de leche tibia*
> *2 huevos*
> *350 g de harina 0000*
> *1 pizca de sal*
> *nuez moscada*

> *canela en polvo*
> *70 g de manteca derretida y fría*
> *ralladura de 1 limón*
> *100 g de pasas de uva*
> *2 o 3 cucharadas de ron*
> *mermelada de damascos*

## PREPARACIÓN

Disolver la levadura y 1 cucharadita de azúcar en la leche tibia, dentro de un bol. Dejar espumar.

Añadir el resto del azúcar y los huevos. Mezclar bien.

Incorporar la harina tamizada con la sal y las especias, la manteca derretida y la ralladura de limón.

Amasar durante 10 minutos. Dejar leudar hasta que duplique su volumen.

Remojar las pasas de uva en el ron. Añadirlas a la masa.

Colocar la preparación en una budinera con tubo central, enmantecada. Dejar leudar 30 minutos más.

Cocinar en horno moderado durante 30 minutos.

Dejar enfriar, desmoldar y bañar con mermelada de damascos caliente.

# Muffins de maíz con chocolate

> 80 g de manteca blanda
> 150 g de azúcar
> 1 cucharadita de sal
> 1 cucharadita de esencia de
> vainilla
> 2 huevos
> 2 tazas de harina leudante

> 1 cucharada de polvo
> para hornear
> 120 g de harina de maíz
> 1 taza de leche
> 1 taza de copitos de chocolate
> azúcar impalpable para
> espolvorear

## PREPARACIÓN

En un bol batir a punto pomada la manteca con el azúcar, la sal y la esencia, hasta que esté bien cremosa.

Agregar los huevos, mezclando bien después de cada adición.

Combinar la harina con el polvo para hornear y la harina de maíz. Incorporar al batido, alternando con la leche, hasta lograr una textura homogénea. Si es necesario, agregar 1/3 taza de leche más.

Añadir los copitos de chocolate a la preparación.

Distribuir en pirotines grandes. Cocinar en horno moderado hasta que se doren.

Retirar, dejar enfriar y espolvorear con azúcar impalpable.

# Pan de bananas y nueces

> 150 g de manteca blanda
> 150 g de azúcar rubia
> 3 huevos
> 3 bananas grandes
> 350 g de harina integral
> 1/2 cucharada de polvo
   para hornear

> 1 cucharadita de canela en polvo
> 1 pizca de sal
> 100 cc de licor de bananas
   (u otro a elección)
> 100 g de nueces picadas
> pan rallado bien fino para el molde

## PREPARACIÓN

Batir la manteca en un bol hasta que esté bien cremosa. Incorporar el azúcar rubia de a poco y los huevos de a uno, batiendo cada vez.

Pasar las bananas por tamiz para obtener un puré liso. Agregarlo al batido.

Tamizar la harina integral con el polvo para hornear, la canela y la sal. Añadir a la preparación anterior, alternando con el licor.

Agregar las nueces picadas y unir bien.

Verter en un molde para budín inglés, enmantecado y espolvoreado con pan rallado.

Cocinar en horno moderado durante 45 minutos.

# Pan de Belén

> 2 yemas
> 150 g de azúcar
> 150 g de manteca derretida y fría
> 1 cucharadita de esencia de
>   vainilla
> 250 g de harina 0000
> 100 g de almidón de maíz
> 1 cucharadita de especias dulces
> 2 cucharaditas de polvo para
>   hornear

> 1/2 taza de oporto o marsala
> 50 g de almendras
> 50 g de nueces
> 50 g de cerezas confitadas

**BAÑO**
> 2 barritas de chocolate ralladas
> 3 cucharadas de melaza de maíz

**ADEMÁS**
> cerezas confitadas
> frutas secas

## PREPARACIÓN

En un bol batir a blanco las yemas con el azúcar. Agregar la manteca derretida y perfumar con la esencia.

Incorporar la harina tamizada con el almidón, las especias y el polvo para hornear, alternando con el oporto o marsala.

Picar gruesas las almendras, las nueces y las cerezas confitadas. Añadirlas a la preparación.

Verter en un molde para budín inglés, enmantecado y enharinado.

Cocinar en horno moderado aproximadamente 50 minutos.

**Baño:** Unir el chocolate rallado con la melaza en una cacerolita y calentar hasta fundir. Dejar entibiar y bañar el budín. Decorar con cerezas confitadas y frutas secas.

# Típico budín inglés

> 1 taza de fruta confitada
> 100 g de pasas de uva sin semillas
> 1/2 taza de coñac
> 200 g de manteca blanda
> 200 g de azúcar
> 4 huevos
> 1 cucharadita de esencia
> de vainilla

> 1 cucharadita de ralladura
> de limón
> 500 g de harina leudante
> 1/2 taza de nueces picadas
> azúcar impalpable para
> espolvorear
> higos confitados para decorar

Cortar en cubos pequeños la fruta confitada y macerar, junto con las pasas de uva, en el coñac.

En un bol batir a punto pomada la manteca con el azúcar. Incorporar los huevos de a uno. Perfumar con la esencia y la ralladura.

Agregar la harina, alternando con el coñac de la maceración. Añadir la fruta, las pasas y las nueces.

Verter en un molde para budín inglés enmantecado y enharinado. Con un cuchillo humedecido practicar un corte superficial a lo largo de la superficie.

Cocinar en horno moderado hasta que el budín se levante y se dore.

Desmoldar sobre rejilla y dejar enfriar. Espolvorear con azúcar impalpable y decorar con higos confitados.

# Tortas

# Alfajor de frutillas

> *75 g de manteca*
> *1/2 vaso de agua*
> *6 yemas*
> *1 huevo*
> *aproximadamente 400 g de harina*

> *500 g de crema chantillí*
> *250 g de frutillas limpias*
> *y licuadas*
> *frutillas para decorar*

## PREPARACIÓN

Unir la manteca con el agua en una cacerolita y calentar hasta fundir. Dejar enfriar.

Mezclar las yemas con el huevo dentro de un bol. Agregar la manteca fundida con el agua. Incorporar la cantidad de harina necesaria para formar una masa que se desprenda de las paredes del recipiente.

Dividir la masa en seis bollitos. Dejar descansar.

Estirar los bollitos en forma de discos de igual diámetro. Pincharlos con un tenedor y cortar uno de ellos en porciones triangulares. Acomodar en placas enmantecadas.

Cocinar en horno fuerte hasta que se doren. Retirar y dejar enfriar.

Combinar la crema chantillí con las frutillas licuadas. Untar con la mezcla los discos de masa y superponerlos. Decorar la superficie con los triángulos de masa y frutillas.

---

*Como variante, untar los discos de masa con dulce de leche repostero y decorar con merengue italiano (pág. 72).*

# Bizcochuelo con crema de batatas

## INGREDIENTES

**BIZCOCHUELO BÁSICO**
> 6 claras a temperatura ambiente
> 200 g de azúcar
> 6 yemas
> 1 cucharada de miel
> 1 cucharadita de esencia de vainilla
> 200 g de harina tamizada

**RELLENO**
> 500 g de crema de leche
> 3 cucharadas de azúcar
> 1 cucharadita de esencia de vainilla
> 750 g de batatas
> 500 cc de leche azucarada
> 1 cucharadita de canela

> 2 cucharadas de cacao amargo
> 3 claras
> 100 g de azúcar

**ADEMÁS**
> almíbar liviano
> nueces picadas
> 1 cucharada de cacao amargo

## PREPARACIÓN

**Bizcochuelo:** Batir las claras en un bol hasta espumar. Añadir gradualmente el azúcar y seguir batiendo hasta obtener un merengue.

Aparte, mezclar ligeramente las yemas con la miel y la esencia. Incorporar al merengue en forma de hilo. Agregar la harina con movimientos envolventes. Forrar con papel manteca la base de un molde redondo y dejar los costados sin enmantecar. Verter con cuidado el batido, desde los bordes hacia el centro.

Cocinar aproximadamente 30 minutos en horno moderado, precalentado. Estacionar por lo menos 24 horas. Cortar en cuatro capas.

**Relleno:** Batir a punto chantillí la crema con el azúcar y la esencia.

Pelar las batatas, cocinarlas en la leche azucarada y realizar un puré. Añadir 3 cucharadas de la crema chantillí, la canela y el cacao. Batir a punto nieve las claras con el azúcar adicional y agregarlas.

Forrar con film el molde donde se cocinó el bizcochuelo. Colocar una capa de bizcochuelo, humedecer con almíbar, untar con crema de batatas y esparcir nueces. Apoyar otra capa de bizcochuelo, humedecer y untar con crema chantillí. Disponer otra capa de bizcochuelo, humedecer, untar con crema de batatas y esparcir nueces. Ubicar la última capa de bizcochuelo y decorar con la crema chantillí restante, mezclada con el cacao.

# Bizcochuelo diferente

INGREDIENTES

> 6 claras
> 200 g de azúcar
> 6 yemas
> 100 g de nueces
> 50 g de almendras

> 50 g de avellanas
> 50 g de vainillas
> 50 g de chocolate cobertura picado
> 1 cucharada de esencia
  de vainilla

## PREPARACIÓN

En un bol batir a punto merengue las claras con el azúcar.

Aparte, mezclar las yemas entre sí. Incorporarlas al merengue en forma de hilo con movimientos envolventes.

Procesar las nueces con las almendras, las avellanas y las vainillas bien secas. Agregar en forma envolvente al batido.

Añadir el chocolate y perfumar con la esencia.

Verter en un molde redondo, enmantecado y enharinado. Cocinar en horno moderado aproximadamente 35 minutos.

# Chiffon de limón

> *2 y 1/4 tazas de harina leudante*
> *1 y 1/2 taza de azúcar*
> *3 cucharadas de polvo para hornear*
> *1/2 taza de aceite de maíz*
> *7 yemas*
> *2 cucharadas de esencia de vainilla*

> *ralladura de 2 limones*
> *3/4 taza de agua*
> *7 claras*
> *1/2 cucharada de cremor tártaro*
> *250 g de crema chantillí*
> *frutas rojas para decorar*

## PREPARACIÓN

Cernir tres veces la harina. Combinarla con el azúcar y el polvo para hornear.

Colocar en la batidora eléctrica el aceite, las yemas, la esencia y la ralladura; mezclar un poco. Agregar el agua, alternando con los ingredientes secos. Batir hasta que aparezcan burbujas en la superficie.

Batir a punto nieve las claras con el cremor tártaro. Unir en forma envolvente con el batido anterior.

Verter en un molde sin enmantecar, con papel manteca en la base. Cocinar 1 hora en horno suave. Desmoldar y dejar enfriar.

Decorar con la crema chantillí y frutas rojas.

# Pastel grumoso de ciruelas

**MASA**
> 300 g de ricota
> 10 cucharadas de leche
> 12 cucharadas de aceite de maíz
> 100 g de azúcar
> 1 pizca de sal

> 1 cucharada de esencia de vainilla
> 600 g de harina leudante

**RELLENO**
> 1 frasco de mermelada de ciruelas

**CUBIERTA**
> 200 g de manteca
> 250 g de harina
> 1 pizca de sal
> 50 g de nueces picadas
> 200 g de azúcar
> azúcar impalpable para espolvorear

## PREPARACIÓN

**Masa:** Mezclar la ricota con la leche y el aceite. Agregar el azúcar, la sal, la esencia y la harina. Formar una masa suave.

**Relleno:** Extender la masa dentro de un molde de 26 cm de diámetro, enmantecado y enharinado. Cubrir con la mermelada.

**Cubierta:** Mezclar la manteca con la harina, la sal, las nueces y el azúcar, hasta formar grumos. Esparcirlos sobre la mermelada.

Cocinar en horno moderado durante 40 minutos. Dejar reposar 10 minutos y desmoldar. Espolvorear con azúcar impalpable.

*En temporada, queda muy bien agregar sobre la mermelada ciruelas frescas descarozadas.*

# Sorpresa de ciruelas pasa

> 200 g de ciruelas pasa
  sin carozo
> 200 g de manteca blanda
> 200 g de azúcar
> 3 huevos
> 1 cucharadita de
  bicarbonato de sodio
> 100 g de nueces picadas

> 250 g de harina
  leudante tamizada

PRALINÉ
> 100 g de azúcar
> 1 cucharadita de
  jugo de limón
> 100 g de nueces
  picadas

RELLENO
> 1/2 frasco de
  mermelada de ciruelas
> 300 g de crema chantillí

BAÑO
> 150 g de chocolate
  para taza
> 250 g de dulce de leche

## PREPARACIÓN

Hidratar las ciruelas con 1 vaso de agua caliente. Procesarlas para obtener un puré.

En un bol batir a punto pomada la manteca con el azúcar. Incorporar los huevos, el puré de ciruelas, el bicarbonato y las nueces. Agregar la harina y unir.

Verter en un molde de 28 cm de diámetro con papel manteca en la base. Cocinar en horno moderado hasta que se dore la superficie.

Desmoldar sobre rejilla y dejar enfriar. Cortar en dos capas.

**Praliné:** Mojar apenas el azúcar con agua y el jugo de limón. Cocinar hasta obtener un caramelo claro.

Añadir las nueces al caramelo; mezclar bien. Volcar sobre una placa aceitada y dejar que solidifique. Picar grueso.

**Relleno:** Untar con la mermelada la capa inferior de la torta, esparcir la mitad del praliné y extender la mitad de la crema chantillí. Cubrir con la otra capa de torta.

**Baño:** Fundir el chocolate a baño de María, añadir el dulce de leche y mezclar bien. Bañar la torta con ayuda de una espátula. Cubrir con el praliné restante y decorar los bordes con el resto de la crema chantillí puesta en manga con pico rizado.

# Torta almendrada

INGREDIENTES

> 5 yemas
> 180 g de azúcar
> 1 pizca de sal
> 1 cucharadita de canela en polvo
> 1 cucharadita de esencia de
> vainilla
> 1 cucharada de ralladura de limón
> 5 claras
> 100 g de chocolate rallado
> 100 g de harina 0000
> 100 g de almendras procesadas

> 50 g de manteca derretida
> y tibia

CREMA INGLESA
> 500 cc de leche
> 1 cucharadita de esencia de
> vainilla
> 5 yemas
> 150 g de azúcar

ADEMÁS
> azúcar impalpable
> frutas rojas

## PREPARACIÓN

En un bol batir las yemas con 100 g de azúcar, la sal, la canela, la esencia y la ralladura, hasta obtener una crema homogénea.

Aparte, batir a punto nieve las claras con el azúcar restante.

Añadir a las yemas una cuarta parte de las claras. Agregar el chocolate y la harina mezclada con las almendras. Incorporar la manteca derretida, alternando con el resto de las claras.

Verter en un molde redondo enmantecado y espolvoreado con pan rallado. Cocinar en horno moderado aproximadamente 45 minutos. Desmoldar y dejar enfriar.

**Crema inglesa:** Hervir la leche. Retirar del fuego y perfumar con la esencia.

Batir a blanco las yemas con el azúcar. Incorporar despacio la leche caliente. Llevar al fuego y revolver con cuchara de madera, sin dejar hervir, hasta que la crema nape la cuchara.

De inmediato pasar la crema, a través de un colador, a un bol frío, para cortar la cocción. Dejar enfriar.

Espolvorear la torta con azúcar impalpable. Servir con la crema inglesa y frutas rojas.

# Torta americana de pasas sin huevos

> 250 g de azúcar morena
> 350 cc de agua
> 1 taza de pasas de uva
> 150 g de manteca
> 1/2 cucharadita de sal

> 1 cucharadita de nuez moscada
> 1 cucharadita de canela
> 350 g de harina leudante
> azúcar impalpable para
  espolvorear

## PREPARACIÓN

Colocar en una cacerola el azúcar morena, el agua, las pasas de uva, la manteca, la sal, la nuez moscada y la canela.

Llevar al fuego y dejar que hierva durante 2 minutos. Retirar y dejar enfriar.

Añadir la harina a la mezcla de azúcar. Unir bien.

Colocar la preparación en un molde redondo enmantecado y enharinado. Cocinar en horno moderado durante 30 minutos.

Desmoldar y espolvorear con azúcar impalpable.

# Torta brownie

> *60 g de manteca*
> *60 g de chocolate*
> *200 g de azúcar*
> *1/4 cucharadita de sal*
> *2 huevos*
> *1 cucharadita de esencia de vainilla*
> *100 g de harina leudante*
> *1 cucharadita de polvo para hornear*

> *50 g de nueces picadas*
> CUBIERTA
> *dulce de leche repostero*
> *300 g de crema de leche*
> *3 cucharadas de azúcar*
> *1 cucharadita de esencia de vainilla*
> *merengue italiano de 2 claras*

## PREPARACIÓN

En un bol fundir la manteca y el chocolate a baño de María. Retirar del calor. Agregar el azúcar y la sal. Incorporar los huevos, sin mezclar demasiado, y perfumar con la esencia.

Combinar la harina con el polvo para hornear y las nueces. Añadir a la mezcla anterior.

Extender la pasta sobre una tartera desmontable forrada con papel manteca. Cocinar en horno moderado hasta que se dore la superficie. Retirar y dejar enfriar.

**Cubierta:** Untar la torta con dulce de leche repostero.

Batir la crema a punto chantillí con el azúcar y la esencia. Extender sobre el dulce. Decorar la superficie con el merengue italiano puesto en manga con pico rizado.

---

*Para hacer el* _merengue italiano_*, batir a punto merengue 2 claras a temperatura ambiente, 1 pizca de sal y 1 cucharadita de cremor tártaro. Mojar 200 g de azúcar con un poco de agua, mezclar y cocinar hasta obtener un almíbar a 120°C (o hasta que al colocar una cucharadita dentro de una taza con agua fría se pueda formar con los dedos una bolita maleable). De inmediato verter en forma de hilo sobre las claras, sin dejar de batir hasta que el merengue se enfríe.*

# Torta de café y crema

INGREDIENTES

> 150 g de manteca blanda
> 200 g de azúcar
> 1 pocillo de café fuerte, tibio
> 4 yemas
> 4 claras
> 250 g de harina 0000
> 100 g de almidón de maíz
> 3 cucharaditas de polvo para hornear

CREMA PASTELERA AL CAFÉ
> 250 cc de leche

> 2 cucharadas de café instantáneo
> 1 huevo
> 1 yema
> 20 g de almidón de maíz
> 100 g de azúcar
> 1 cucharadita de esencia
   de vainilla

ADEMÁS
> frutas frescas a elección
> 500 g de crema chantillí

## PREPARACIÓN

En un bol batir la manteca con 150 g de azúcar hasta que esté bien cremosa.

Agregar el café y las yemas de a una, batiendo después de cada adición.

Aparte, batir a punto nieve las claras con el resto del azúcar.

Cernir la harina con el almidón y el polvo para hornear. Añadir al batido de manteca, alternando con las claras.

Colocar en un molde redondo enmantecado y enharinado. Cocinar en horno moderado durante 45 minutos.

Retirar, desmoldar y dejar enfriar. Cortar en dos capas.

**Crema pastelera al café:** Licuar la leche con el café, el huevo, la yema, el almidón y el azúcar. Colocar en una cacerolita y cocinar hasta que espese. Perfumar con la esencia. Dejar enfriar.

Untar con la crema pastelera la capa inferior de la torta, intercalar frutas frescas fileteadas y cubrir con la otra capa de torta.

Decorar la superficie y los costados con crema chantillí.

# Torta de chocolate

> *2 tazas de azúcar morena*
> *5 barritas de chocolate picadas*
> *1 taza de licor de chocolate*
> *1 pizca de bicarbonato*
> *de sodio*
> *100 g de manteca blanda*
> *3 yemas*

> *180 g de harina 0000*
> *60 g de almidón de maíz*
> *2 cucharaditas de polvo*
> *para hornear*
> *3 claras*
> *azúcar impalpable o crema*
> *de leche para servir*

## PREPARACIÓN

Colocar en una cacerola la mitad del azúcar morena, el chocolate, la mitad del licor y el bicarbonato. Hervir durante 2 minutos. Dejar enfriar.

En un bol batir la manteca con el resto del azúcar morena hasta que esté bien cremosa.

Incorporar las yemas y mezclar bien. Añadir el licor restante, intercalando la harina tamizada con el almidón y el polvo para hornear. Agregar la mezcla hervida y unir.

Aparte, batir las claras a punto nieve. Integrarlas suavemente a la preparación anterior.

Verter en un molde de 22 cm de diámetro, enmantecado y enharinado.

Cocinar en horno moderado durante 30 minutos. Retirar, desmoldar y dejar enfriar.

Servir espolvoreada con azúcar impalpable o acompañada con crema batida a medio punto.

# Torta de coco y ananá

> 300 g de crema de leche
> 200 g de azúcar
> 6 yemas
> 1 cucharada de esencia de vainilla
> 300 g de harina 0000
> 3 cucharaditas de polvo para hornear
> 250 g de coco rallado
> 1 copa de licor a elección
> 6 claras
> 50 g de azúcar

**CUBIERTA**
> 150 g de crema chantillí
> 250 g de ananá en almíbar, escurrido
> 2 claras
> 90 g de azúcar impalpable
> 2 gotas de colorante rojo
> 100 g de coco rallado

**ADEMÁS**
> crema de leche para acompañar

## PREPARACIÓN

Batir la crema en un bol hasta que espese un poco. Agregar el azúcar, las yemas y la esencia.

Tamizar la harina con el polvo para hornear. Añadir al batido en forma suave y envolvente, alternando con el coco rallado y el licor.

Aparte, batir a punto nieve las claras con el azúcar. Incorporarlas a la mezcla anterior.

Verter en un molde redondo enmantecado y enharinado. Cocinar en horno moderado durante 40 minutos. Desmoldar y dejar enfriar.

**Cubierta:** Untar la torta con la crema chantillí. Cortar el ananá en trocitos y disponerlos sobre la crema.

Mezclar las claras con el azúcar impalpable y el colorante. Agregar el coco y mezclar bien. Esparcir sobre el ananá.

Servir cada porción de torta acompañada con crema batida a medio punto.

# Torta de dulce de leche al chocolate

> *300 g de manteca blanda*
> *300 g de dulce de leche*
> *3 yemas*
> *1 cucharada de esencia de vainilla*
> *250 g de harina leudante*
> *100 g de almidón de maíz*
> *2 cucharadas de cacao amargo*

> *1 pizca de macis*
> *100 cc de ron o coñac*
> *3 claras*
> *2 cucharadas de azúcar*
> *cobertura de chocolate para bañar*
> *chocolate blanco en rama para decorar*

## PREPARACIÓN

En un bol batir la manteca con batidora eléctrica hasta que se forme una crema. Agregar el dulce de leche, las yemas y la esencia; mezclar bien.

Tamizar la harina con el almidón, el cacao y la macis. Incorporar a la preparación anterior, alternando con el ron o el coñac.

Aparte, batir a punto nieve las claras con el azúcar. Añadirlas al batido con movimientos envolventes.

Verter en un molde redondo enmantecado y enharinado. Cocinar en horno moderado, precalentado, aproximadamente 35 minutos.

Retirar, dejar reposar 5 minutos y desmoldar.

Bañar la torta con cobertura de chocolate y decorar con chocolate blanco en rama.

# Torta de duraznos

> *1 lata de duraznos en almíbar*
> *150 g de mermelada de duraznos*
> *50 g de almendras tostadas*
>   *y picadas gruesas*
> *6 yemas*
> *6 cucharadas de azúcar*
> *1 cucharadita de esencia*
>   *de vainilla*

> *3 cucharadas de harina 0000*
> *2 cucharadas de almidón*
>   *de maíz*
> *3 cucharaditas de polvo*
>   *para hornear*
> *6 claras*
> *azúcar morena para el molde*
> *crema chantillí para servir*

## PREPARACIÓN

Escurrir los duraznos y reservar el almíbar. Mezclar la mermelada con las almendras y rellenar el hueco de los duraznos.

En un bol batir las yemas con la mitad del azúcar hasta que tomen color claro. Perfumar con la esencia.

Incorporar la harina combinada con el almidón y el polvo para hornear.

Aparte, batir a punto merengue las claras con el azúcar restante. Agregar a la mezcla con movimientos suaves.

Enmantecar un molde redondo y cubrir la base con azúcar morena. Colocar dentro los duraznos, con el relleno hacia arriba. Verter encima la masa.

Cocinar en horno suave durante 35 minutos. Retirar, dejar reposar 5 minutos y desmoldar. Bañar con el almíbar de los duraznos y completar con crema chantillí.

# Torta de los moros

## INGREDIENTES

> 9 claras
> 240 g de azúcar
> 9 yemas
> 120 g de harina leudante
> 120 g de almidón de maíz
> 50 g de cacao amargo
> 1 cucharadita de esencia
de vainilla

**RELLENO**
> almíbar
> 1/2 frasco de
mermelada de ciruelas
> 250 g de crema
chantillí

**CUBIERTA**
> 1 litro de leche

> 100 g de azúcar
> 4 barritas de
chocolate picadas
> 50 g de almidón de
maíz

**ADEMÁS**
> crema chantillí
> frutas rojas

## PREPARACIÓN

En un bol batir las claras con la mitad del azúcar hasta obtener un merengue firme.

Aparte, batir las yemas con el azúcar restante hasta que estén bien cremosas. Mezclar los dos batidos.

Cernir la harina con el almidón y el cacao. Incorporar con movimientos envolventes a la preparación anterior. Perfumar con la esencia.

Forrar con papel manteca la base de un molde de 28 cm de diámetro. Verter en él la mezcla.

Cocinar en horno moderado, precalentado, durante 40 minutos. Retirar, esperar unos minutos y desmoldar. Dejar reposar varias horas antes de cortar.

**Relleno:** Dividir la torta en tres capas. Humedecerlas con almíbar. Superponerlas, untando la capa inferior con la mermelada y la del medio con crema chantillí.

**Cubierta:** Calentar la leche con el azúcar y el chocolate. Revolver con cuchara de madera hasta que rompa el hervor. Incorporar el almidón disuelto en leche fría. Seguir revolviendo hasta que espese. Dejar enfriar y cubrir la torta.

Decorar con guardas de crema chantillí y frutas rojas.

# Torta de manzanas al limón

> 1 kilo de manzanas verdes
> 1 cucharada de manteca
> 120 g de azúcar
> 2 huevos
> ralladura de 1 limón

> 200 g de crema de leche
> 150 g de harina leudante
> helado o crema de leche
  para acompañar

## PREPARACIÓN

Pelar y despepitar las manzanas; filetearlas en forma pareja. Cocinarlas ligeramente en una sartén con la manteca y 1 cucharada de azúcar. Acomodarlas en un molde rectangular generosamente enmantecado y espolvorearlo con abundante azúcar.

En un bol batir a blanco los huevos con el azúcar. Perfumar con la ralladura de limón. Incorporar la crema, alternando con la harina tamizada tres veces. Mezclar bien y verter sobre la fruta.

Cocinar en horno moderado hasta que la superficie se dore ligeramente.

Retirar, dejar reposar unos minutos y desmoldar antes de que la torta se enfríe, para evitar que se pegue al molde.

Servir tibia, con helado de crema americana o con crema batida a medio punto y endulzada a gusto.

# Torta de naranjas

> 150 g de manteca blanda
> 200 g de azúcar rubia
> 2 huevos
> 1 copita de licor de naranjas
> ralladura de 1 naranja
> 500 g de harina leudante
> 1 pizca de sal
> 1 taza de leche

> 50 g de almendras tostadas
> y picadas
> 50 g de cascaritas de naranja
> glaseadas
> rodajas de naranja
> para decorar
> 1 taza de agua
> 1/2 taza de azúcar rubia

## PREPARACIÓN

Colocar la manteca en un bol y trabajarla con cuchara de madera hasta que esté bien cremosa. Agregar el azúcar rubia y batir hasta que se forme una crema.

Añadir los huevos de a uno. Perfumar con el licor y la ralladura.

Tamizar la harina con la sal e incorporarla, alternando con la leche. Agregar las almendras y las cascaritas de naranja.

Verter en un molde de 24 cm de diámetro, enmantecado y enharinado.

Cocinar en horno moderado aproximadamente 1 hora. Retirar, dejar reposar durante 5 minutos y desmoldar.

Decorar con rodajas de naranja cocidas brevemente en un almíbar preparado con el agua y el azúcar rubia.

---

*Para hacer las <u>cascaritas glaseadas</u>, pelar naranjas con un pelapapas y cortar la cáscara en tiritas. Poner en una cacerola con agua, hervir y colar. Repetir la operación tres veces. Hervir las cascaritas con 1 taza de azúcar y 1 taza de agua hasta que estén tiernas. Escurrir y pasar por azúcar. Dejar secar sobre papel manteca o de aluminio.*

# Torta de nueces

> 6 yemas
> 250 g de azúcar
> 1 cucharadita de esencia de vainilla
> 1/2 cucharadita de macis
> 100 g de manteca derretida y tibia
> 150 g de bizcochos dulces
> 250 g de nueces
> 2 cucharaditas de polvo
> para hornear
> 6 claras

> 4 cucharadas de mermelada
> de damascos

BAÑO
> 90 cc de leche
> 150 g de chocolate picado
> 2 cucharadas de azúcar
> 2 cucharaditas de miel
> 2 cucharaditas de manteca fría

ADEMÁS
> crema chantillí

## PREPARACIÓN

En un bol batir a blanco las yemas con 200 g de azúcar. Perfumar con la esencia y la macis. Integrar de a poco la manteca derretida.

Procesar los bizcochos dulces y las nueces. Mezclar con el polvo para hornear. Incorporar al batido con movimientos envolventes.

Aparte, batir a punto nieve las claras con el azúcar restante. Añadir en forma suave y envolvente a la preparación anterior.

Verter en un molde redondo, enmantecado y enharinado. Cocinar en horno moderado aproximadamente 1 hora.

Retirar, desmoldar y untar con la mermelada. Dejar enfriar.

**Baño:** Colocar en una cacerola la leche y el chocolate. Llevar sobre fuego suave y revolver hasta que el chocolate se funda. Dejar que hierva, agregar el azúcar y seguir revolviendo hasta que retome el hervor. Retirar del fuego. Añadir la miel y la manteca. Unir muy bien.

Apoyar el bizcochuelo sobre un disco de cartón de menor diámetro y ubicar sobre una rejilla. Bañar con la mezcla de chocolate, cuidando que los laterales queden bien cubiertos. Dejar enfriar.

Decorar con crema chantillí puesta en manga con pico rizado.

# Torta de zanahorias

> 250 g de harina 0000
> 1 cucharadita de polvo para hornear
> 2 cucharaditas de bicarbonato de sodio
> 2 cucharaditas de canela
> 150 g de margarina blanda
> 350 g de azúcar
> 3 huevos
> jugo de 1 naranja colado
> 200 g de zanahorias ralladas

> 100 g de nueces picadas
> 2 cucharaditas de esencia de vainilla
> 1/2 vasito de ron
> 50 g de coco rallado

GLASEADO
> 2 tazas de azúcar impalpable
> 4 cucharadas de jugo de limón colado
> semillas de amapola o nueces picadas para espolvorear

## PREPARACIÓN

Cernir juntos la harina, el polvo para hornear, el bicarbonato y la canela.

En un bol batir muy bien la margarina con el azúcar. Agregar los huevos, alternando con los ingredientes secos.

Añadir el jugo de naranja, las zanahorias, las nueces, la esencia, el ron y el coco. Integrar bien todo.

Verter en un molde savarin enmantecado y enharinado. Cocinar en horno moderado, precalentado, durante 1 hora.

**Glaseado:** Mezclar el azúcar impalpable con la cantidad de jugo de limón necesaria para lograr una pasta fluida. Retirar la torta del horno, desmoldar y bañar con el glaseado. Esparcir semillas de amapola o nueces picadas, antes de que se seque.

# Torta granulada
# a la naranja

> *80 g de manteca blanda*
> *150 g de azúcar*
> *1 huevo*
> *1 taza de leche*
> *1 cucharadita de esencia de*
>   *vainilla*
> *1 cucharada de ralladura de*
>   *naranja*
> *300 g de harina leudante*
> *1 pizca de sal*

CUBIERTA
> *3 cucharadas de azúcar*
> *1/2 taza de pan rallado*
> *1/2 taza de avena arrollada*
> *1/2 cucharada de canela en polvo*
> *50 g de manteca*
> *ralladura de 1 naranja*

ADEMÁS
> *cascaritas de naranja glaseadas*
>   *(pág. 80)*

## PREPARACIÓN

En un bol batir a punto pomada la manteca con el azúcar.

Aparte, mezclar el huevo con la leche, la esencia y la ralladura. Añadir al batido, intercalando la harina tamizada con la sal.

Verter en un molde de 22 cm de diámetro, enmantecado y enharinado.

**Cubierta:** Mezclar el azúcar con el pan rallado, la avena, la canela, la manteca y la ralladura. Trabajar con las yemas de los dedos hasta formar un granulado. Esparcir en forma pareja sobre la torta.

Cocinar en horno moderado durante 35 minutos. Retirar, dejar enfriar y desmoldar.

Decorar con cascaritas de naranja glaseadas.

# Torta húmeda
# de chocolate

> *170 g de chocolate en trocitos*
> *200 g de manteca*
> *250 g de azúcar*
> *4 huevos*

> *200 g de harina leudante*
> *100 g de nueces picadas*
> *100 g de pasas de uva de Corinto*

## PREPARACIÓN

Colocar en una cacerola el chocolate, la manteca y el azúcar. Fundir todo a fuego suave, revolviendo con cuchara de madera. Pasar a un bol y dejar enfriar.

Incorporar los huevos de a uno, batiendo cada vez.

Agregar la harina cernida, mezclada con las nueces y las pasas.

Verter en un molde redondo, enmantecado y enharinado.

Cocinar en horno moderado de 25 a 30 minutos.

---

*Esta torta resulta tan rica _sola_, espolvoreada con cacao amargo y azúcar impalpable, como _acompañada_ con crema batida a medio punto y perfumada con una pizca de nuez moscada. También se puede _rellenar_ y decorar a gusto.*

# Torta húmeda de naranjas

> 4 yemas
> 180 g de azúcar
> ralladura de 1 naranja
> 80 g de harina 0000
> 80 g de almidón de maíz
> 1 cucharadita de polvo
  para hornear
> 4 claras

> 80 g de manteca derretida y fría
> 50 g de almendras fileteadas
**PARA HUMEDECER**
> 250 cc de jugo de naranjas colado
> jugo de 1 limón colado
> 1 cucharada de azúcar
**ADEMÁS**
> azúcar impalpable

## PREPARACIÓN

En un bol batir las yemas con el azúcar hasta que estén espumosas. Perfumar con la ralladura de naranja.

Incorporar la harina mezclada con el almidón y el polvo para hornear.

Aparte, batir a punto nieve las claras. Agregarlas a la mezcla anterior junto con la manteca derretida.

Enmantecar un molde redondo, cubrir la base con papel manteca y esparcir las almendras. Verter la preparación y alisar.

Cocinar en horno moderado durante 50 minutos. Dejar reposar 10 minutos dentro del horno apagado. Desmoldar la torta y pincharla varias veces con un palillo.

**Para humedecer:** Poner en una cacerola los jugos de cítricos y el azúcar. Hervir y verter sobre la torta. Espolvorear con azúcar impalpable.

# Torta imperdible

**BIZCOCHUELO DE CHOCOLATE**
> 3 claras
> 100 g de azúcar
> 3 yemas
> 1 cucharadita de miel
> 80 g de harina 0000
> 20 g de cacao amargo
> 1 cucharadita de macis
> 1 cucharadita de polvo para hornear

**MERENGUE SECO**
> 125 g de claras
> 125 g de azúcar común
> 125 g de azúcar impalpable
**ADEMÁS**
> 500 g de dulce de leche repostero
> 500 g de crema chantillí
> coco rallado ligeramente tostado
> chocolate rallado

## PREPARACIÓN

**Bizcochuelo de chocolate:** Batir las claras hasta espumar. Añadir el azúcar de a poco, batiendo hasta obtener un merengue. Mezclar las yemas con la miel y agregarlas en forma de hilo. Incorporar en forma envolvente la harina tamizada con el cacao, la macis y el polvo para hornear. Verter en un molde redondo enmantecado y con papel manteca en la base. Cocinar en horno moderado hasta que el bizcochuelo se separe levemente de las paredes del molde. Retirar, dejar enfriar y desmoldar. Cortar en dos capas.

**Merengue seco:** Batir las claras con batidora eléctrica hasta espumar. Incorporar gradualmente el azúcar común, batiendo hasta llegar al punto merengue. Agregar el azúcar impalpable, mezclando a mano con movimientos envolventes. Colocar en una tartera desmontable del diámetro del bizcocho, forrada con papel manteca y enmantecada. Cocinar en horno mínimo de 2 a 4 horas, hasta que esté seco.

**Armado:** Apoyar una capa de bizcochuelo sobre un cartón y untar con dulce. Colocar el disco de merengue y untar también con dulce. Extender crema chantillí y cubrir con la segunda capa de bizcochuelo. Untar los costados de la torta con crema chantillí y adherir el coco. Decorar la superficie con crema y dulce puestos en mangas con pico rizado. Terminar con el chocolate en el centro.

# Torta italiana de coco e higos

## INGREDIENTES

> 370 g de harina leudante
> 2 cucharaditas de polvo
para hornear
> 200 g de manteca fría
> 50 g de coco rallado
> 300 g de crema de leche

batida a medio punto
> 200 g de mermelada
de higos
> 2 cucharadas de
almendras picadas y
tostadas

JARABE DE HIGOS
> 80 g de mermelada
de higos
> 120 cc de jugo de
naranjas colado
> 100 g de azúcar

## PREPARACIÓN

Tamizar la harina con el polvo para hornear. Procesar junto con la manteca y el coco.

Agregar la crema y mezclar para formar una masa suave. Envolver en film y dejar reposar en la heladera unos 10 minutos.

Extender la masa, sobre una hoja de papel manteca, en forma de rectángulo de 1 cm de espesor.

Untar con la mermelada y esparcir las almendras. Enrollar con ayuda del papel, comenzando por uno de los lados largos. Envolver el rollo con el mismo papel y llevar nuevamente a la heladera por 20 minutos.

Lubricar con rocío vegetal un molde desmontable redondo. Forrar con papel manteca la base y los costados.

Cortar el rollo en porciones de 4 cm y acomodarlas dentro del molde, de modo que en la superficie se vean las espirales.

Cocinar en horno moderado, precalentado, durante 30 minutos.

**Jarabe de higos:** Colocar todos los ingredientes en una cacerola y cocinar hasta que se forme un almíbar liviano.

Verter el jarabe sobre la torta a media cocción. Seguir horneando hasta completar el tiempo indicado. Retirar, dejar reposar 15 minutos y desmoldar.

# Torta manjar de ricota con duraznos

**BASE**
> 100 g de galletitas de chocolate
> 100 g de almendras molidas
> 6 cucharadas de manteca
  derretida y fría
> 2 cucharadas de azúcar
> 1 cucharada de oporto
> 1 huevo

**RELLENO**
> 480 g de ricota
> 50 g de crema de leche

> 3/4 taza de azúcar
> 6 huevos
> 1/2 taza de oporto
> 1 cucharadita de esencia
  de vainilla

**ADEMÁS**
> crema chantillí
> 1 lata de duraznos al natural
  escurridos
> menta fresca

---

PREPARACIÓN

**Base:** Desmenuzar las galletitas con el palote. Mezclar con las almendras, la manteca derretida, el azúcar, el oporto y el huevo. Colocar en la base de un molde desmontable redondo enmantecado.

**Relleno:** Pasar la ricota por un tamiz, dejándola caer dentro de un bol.

Aparte, batir la crema de leche con el azúcar. Agregar de a poco los huevos ligeramente batidos, el oporto y la esencia. Añadir a la ricota y mezclar bien.

Verter en el molde, sobre la base. Cocinar en horno moderado, precalentado, de 25 a 30 minutos, hasta que el relleno esté firme. Retirar y dejar enfriar.

En el centro, que se hundirá cuando la torta se enfríe, colocar crema chantillí. Cubrir en forma decorativa con los duraznos cortados en cascos. Terminar con un borde de crema chantillí y hojas de menta.

# Torta morocha

> 2/3 taza de manteca blanda
> 1 y 1/2 taza de azúcar
> 2 huevos
> 60 g de chocolate fundido
> 1 taza de puré de bananas
> 1/2 taza de yogur natural
> 1 cucharadita de esencia
  de vainilla
> 2 y 1/2 taza de harina 0000

> 2 cucharaditas de polvo
  para hornear
> 1 pizca de sal

CUBIERTA
> 2 bananas
> 1 cucharada de manteca
> 3 cucharadas de azúcar
> 1 barrita de chocolate
  fundida

## PREPARACIÓN

Batir la manteca blanda en un bol hasta que esté bien cremosa. Agregar el azúcar, los huevos y el chocolate.

Unir el puré de bananas con el yogur y la esencia.

Tamizar la harina con el polvo para hornear y la sal.

Incorporar a la mezcla de chocolate el puré de bananas y los ingredientes secos, en forma gradual y alternada.

Verter en una asadera de 30 por 20 cm y por lo menos 5 cm de altura, enmantecada y enharinada.

Cocinar en horno moderado durante 35 minutos.

**Cubierta:** Pelar y cortar en rodajas las bananas. Colocarlas en una sartén con la manteca y el azúcar. Sartenear sobre el fuego hasta que se acaramelen ligeramente.

Esparcir las bananas sobre la torta. Terminar con hilos de chocolate fundido.

# Torta navideña de mermelada

> *125 g de cerezas confitadas*
> *125 g de orejones de duraznos*
> *125 g de orejones de pera*
> *125 g de pasas de uva sin semillas*
> *100 g de nueces picadas*
> *1/2 taza de jugo de naranjas colado*
> *1 taza de mermelada de damascos*
> *250 g de manteca*
> *150 g de azúcar morena*
> *4 huevos*

> *150 g de harina 0000*
> *1 cucharada de polvo para hornear*
> *2 cucharaditas de canela*
> *1 cucharadita de jengibre en polvo*

GLASEADO
> *250 g de azúcar impalpable*
> *jugo de 1 naranja colado*

ADEMÁS
> *cerezas confitadas*
> *nueces mariposa*

## PREPARACIÓN

Picar todas las frutas desecadas. Mezclar con las nueces, el jugo de naranjas y la mermelada. Dejar macerar hasta el día siguiente.

En un bol batir a punto pomada la manteca con el azúcar morena. Unir ligeramente los huevos e incorporarlos. Agregar la fruta macerada.

Combinar la harina con el polvo para hornear, la canela y el jengibre. Agregar a la preparación anterior.

Colocar en un molde redondo enmantecado y enharinado. Cocinar en horno suave aproximadamente 1 hora.

**Glaseado:** Mezclar el azúcar impalpable con la cantidad de jugo de naranjas necesaria para lograr una pasta fluida. Bañar la torta caliente con el glaseado. Decorar con cerezas y nueces.

# Torta rápida con frutas de estación

> manteca y azúcar rubia para el molde
> 3 duraznos pelados
> 3 damascos pelados
> 500 g de frutas rojas

> 1 sobre de gelatina sin sabor
> 200 g de manteca blanda
> 200 g de azúcar
> 200 g de harina leudante
> 4 claras

## PREPARACIÓN

Enmantecar generosamente el fondo y los laterales de una fuente térmica de 30 por 20 cm. Espolvorear con abundante azúcar rubia.

Dentro de la fuente formar un lecho con los duraznos en cascos finos, los damascos en cubos pequeños y las frutas rojas. Espolvorear con la gelatina.

En un bol mezclar la manteca con el azúcar y la harina.

Aparte, batir las claras a punto nieve. Añadirlas con movimientos envolventes a la mezcla anterior.

Verter sobre el lecho de frutas, sin llegar al borde de la fuente.

Cocinar en horno moderado hasta que la masa esté dorada. Retirar, dejar reposar unos minutos y desmoldar con cuidado.

---

*Servir la torta tibia, con helado de vainilla o crema, o bien fría. Las frutas se pueden reemplazar por las que abunden en cada época del año.*

# Torta simple de peras

INGREDIENTES

> 1/3 taza de manteca
> 1 y 1/3 taza de azúcar
> 1 huevo
> 1 taza de puré de peras cocidas
> 2 tazas de harina 0000
> 1 cucharadita de bicarbonato
   de sodio
> 1 pizca de sal

> 1/2 cucharadita de canela
> 1/4 cucharadita de clavo de olor
   molido
> 1 pizca de pimienta
> 1/3 taza de oporto
ADEMÁS
> crema de leche
> nueces picadas

PREPARACIÓN

En un bol batir a punto pomada la manteca con el azúcar. Agregar el huevo y el puré de peras.

Cernir la harina con el bicarbonato, la sal, la canela, el clavo de olor y la pimienta. Incorporar a la preparación anterior, alternando con el oporto.

Verter la mezcla en un molde redondo enmantecado y enharinado.

Cocinar en horno moderado durante 40 minutos.

Servir con crema batida a medio punto y una lluvia de nueces.

# Torta súper star

> 2 latas de leche condensada de 400 g cada una
> 250 g de frambuesas
> 2 cucharadas de azúcar
> 2 cucharadas de kirsch
> 1 bizcochuelo de chocolate de 3 huevos (pág. 86)

> 250 g de crema de leche
> 2 cucharadas de azúcar
> 1 cucharadita de esencia de vainilla
> 150 g de chocolate fundido
> 2 sobres de gelatina sin sabor

> 1/4 taza de agua fría
> chocolate en rama blanco y negro
> crema chantillí
> frutas rojas
> menta fresca

## PREPARACIÓN

Practicar un pequeño orificio en la superficie de las latas de leche condensada. Ponerlas en una cacerola con agua que no llegue a cubrirlas, tapar parcialmente y cocinar a fuego lento durante 2 horas, agregando agua si es necesario.

Mientras tanto, macerar las frambuesas con el azúcar y el kirsch durante 30 minutos. Apoyar el bizcochuelo sobre una base de cartón y ubicarlo dentro del un molde desmontable del mismo diámetro. Batir la crema a medio punto con el azúcar y la esencia; incorporar el chocolate. Colocar las frambuesas sobre el bizcochuelo, cubrir con la crema de chocolate y enfriar bien en la heladera.

Dejar enfriar las latas de leche. Abrirlas, verter el contenido en un bol y batir hasta que esté suave. Añadir la gelatina hidratada en el agua fría, disuelta sobre el fuego y entibiada. Verter sobre la crema de chocolate y llevar a la heladera hasta que solidifique.

Decorar con chocolate en rama blanco y negro, un borde de crema chantillí, frutas rojas y hojas de menta fresca. Servir bien fría.

---

*Esta receta fue especialmente pensada para los países donde no se vende el dulce de leche, pues con el método que se explica resulta fácil elaborarlo a partir de leche condensada. Donde se consigue dulce de leche repostero se pueden usar 500 g, mezclados con 400 g de queso crema y 1 sobre de gelatina sin sabor.*

# Índice